Terapia para llevar

Papel certificado por el Forest Stewardship Council®

MIXTO
Papel | Apoyando la
silvicultura responsable
FSC® C117695
www.fsc.org

Penguin
Random House
Grupo Editorial

Primera edición: junio de 2023
Octava reimpresión: febrero de 2024

© 2023, Ana Pérez (@nacidramatica)
© 2023, Penguin Random House Grupo Editorial, S. A. U.
Travessera de Gràcia, 47-49. 08021 Barcelona
© Nací dramática, por las imágenes de interior

Printed in Spain – Impreso en España

ISBN: 978-84-19501-80-6
Depósito legal: B-7.842-2023

Compuesto en Comptex & Ass., S. L.
Impreso en Gómez Aparicio, S. A.
Casarrubuelos (Madrid)

GT 0 1 8 0 6

Ana Pérez
NACÍ DRAMÁTICA

Terapia para llevar

**100 herramientas psicológicas
para llevar mejor tu día a día**

Montena

ÍNDICE

Introducción   9

Afrontar el fracaso   13

Poner límites   23

Aumentar tu autoestima   33

Dejar de procrastinar   45

Aprender a disfrutar de tu compañía   57

Superar una ruptura amorosa   67

Aprender a relativizar   79

Conectar contigo mismo   89

Disminuir el uso del teléfono móvil   101

Superar el miedo al qué dirán   113

Controlar los pensamientos intrusivos   123

Gestionar el insomnio   133

Manejar las distorsiones cognitivas   143

Miedo al futuro e intolerancia a la incertidumbre   153

Comunicación asertiva   163

Aumentar la confianza en uno mismo   175

Regular la autoexigencia   183

Solucionar problemas   193

Aprender a cerrar ciclos   203

Mantener el equilibrio entre la pareja y la individualidad   211

Agradecimientos   221

INTRODUCCIÓN

Bienvenido, bienvenida a *Terapia para llevar*. Me llamo Ana, soy psicóloga y probablemente tenemos muchas cosas en común como, por ejemplo, que ambos somos un poco dramáticos y andamos buscando un poco más de estabilidad emocional. Si tienes este libro en las manos, es posible que conozcas mi cuenta de Instagram @nacidramatica, donde suelo compartir mis reflexiones y conocimientos de psicología. Si, por el contrario, has abierto este libro atraído por un misterioso olor a café en medio de la librería... ¡quédate y disfrútalo! Enseguida vas a aprender un montón de técnicas útiles y sencillas que mejorarán tu día a día y que te ayudarán a crecer.

La salud mental se ha convertido en uno de los temas de conversación más populares. Oímos hablar de ella en programas de la tele, pódcast, series, libros... E ir al psicólogo, afortunadamente, por fin ha dejado de ser un tabú. Tomar consciencia de forma individual y poder hablar con los demás y con profesionales de lo que nos pasa por dentro, de cómo nos sentimos y desestigmatizar a las personas que necesitan ayuda psicológica es un avance enorme para todos.

Sin embargo, aunque muchos de nosotros no suframos una depresión severa, un trastorno de ansiedad o de la conducta alimentaria ni nos encontremos insoportablemente mal, a veces el día a día se nos termina haciendo una bola. Nos sentimos perdidos, nos acecha el miedo al futuro, nos sobrepasan las obligaciones, nos cuesta entendernos con los demás, es difícil tomar decisiones... Seguro que sabes de lo que te hablo, ¿verdad?

No hace falta tocar fondo para querer mejorar. Las pequeñas dificultades diarias son comunes y hasta cierto punto normales, pero, si no les prestamos la suficiente atención, pueden llegar a bloquearnos a largo plazo. Antes de que se conviertan en un problema mayor, está en nuestras manos intentar arreglarlas. No hay soluciones mágicas y, como bien sabes, algunos problemas son muy difíciles de gestionar. Pero existen muchísimas herramientas psicológicas, probadas tanto en estudios como en terapia, que sí pueden ayudarnos a ser más felices o, al menos, a llevar nuestra vida cotidiana con mucha más ligereza.

Con solo poner en práctica un sencillo ejercicio, podemos aprender a comunicarnos de una manera más asertiva, organizar nuestro tiempo para disfrutar de lo que realmente nos llena, poner límites sanos a nuestra pareja, a nuestros amigos o a nuestros padres, o conocernos a nosotros mismos con mucha más profundidad (ya verás que ahí está la clave de gran parte de nuestro malestar). Quizá te estás preguntando: si todo esto es tan sencillo, ¿por qué no lo estoy haciendo? Déjame adivinar la respuesta: porque probablemente nadie te ha explicado cuáles son estas herramientas.

Yo misma, al empezar este libro, he pasado por momentos de estrés e inseguridad y más de una vez ha llamado a mi puerta el síndrome de la impostora. Sin embargo, he comprobado de primera mano que, casi siempre, lo único que necesitamos es empezar, confiar en alguien que nos indique el camino y buscar las herramientas adecuadas. Empezar por la página uno, seguir por la dos y así sucesivamente. Poco a poco, paso a paso, he comprobado que no sirve de nada agobiarnos por todo lo que nos falta, sino que es mucho más sano tomar consciencia de lo que llevamos ya hecho y, sobre todo, disfrutar del proceso. Ya te lo aseguro: la mayor aprendiz de mi propio libro soy yo.

Ahora te toca a ti. Abre la puerta, siéntate y tómate un café conmigo. Echa un vistazo al índice y ve a buscar ese tema con el que tropiezas más a menudo. Coge una libreta y escribe las reflexiones que te vayan surgiendo. Puedes llevar este libro contigo y leer capítulo a capítulo según lo que necesites en cada momento. Estoy segura de que al terminar cada sesión de *Terapia para llevar* habrás aprendido cosas nuevas y vas a aplicarlas en tu día a día; la próxima vez que te encuentres en una situación similar, tendrás herramientas para afrontarla mucho mejor. Si practicas estos 100 ejercicios, los aprendizajes van a quedarse dentro de ti para siempre y te harán florecer y crecer.

Y ahora ve pensando: ¿a qué vas a dedicar toda la energía y el tiempo que te robaban los problemas de tu vida diaria?

Una nota antes de seguir leyendo: este libro no pretende sustituir ni sustituye la terapia **psicológica**. Es cierto que va a brindarte herramientas prácticas que podrás usar en tu día a día, pero, si sientes que no es suficiente, te **recomiendo** que **pidas ayuda a un profesional.**

AFRONTAR EL
fracaso

Vivimos en una sociedad en la que se premia constantemente el éxito y nos elogian cuando las cosas nos salen bien, pero parece que no se permite fallar. Así lo aprendemos desde muy pequeños a través de nuestra educación. Porque... ¿dónde queda el espacio para el fracaso? En casa y en el ámbito escolar no existe; es más, se castiga.

El fracaso es el escalón desde el que te impulsas cuando fallas para subir al siguiente peldaño, que puede ser otro fracaso... o un éxito.

Y, bueno, todos fallamos alguna vez, o muchas. Fallar forma parte del proceso de mejorar y de conseguir grandes logros.

Muchas personas célebres afirman que la clave del éxito es el fracaso, por ejemplo:

- Los empresarios exitosos: la mayoría han fallado en varios de sus emprendimientos y proyectos anteriores y muchos de ellos en numerosas ocasiones.
- Los científicos e inventores: durante el proceso de descubrir en ciencia, los investigadores fallan una vez, otra y otra hasta que descubren las fórmulas que funcionan para elaborar un fármaco o un nuevo producto.

Pero toda nuestra vida está llena de pequeños fracasos que nos llevan a pequeños éxitos:

- **Andar:** ¿por qué sabes andar? Aunque no lo recuerdes, cuando eras pequeño te caíste cientos de veces en tu intento de levantarte y mantenerte de pie. Y, gracias a todas esas caídas, ahora sabes andar con normalidad.
- **Sacarse el carnet de conducir:** para aprender a conducir es necesario hacer muchas prácticas y fallar muchas veces: con las marchas, los intermitentes, el freno... ¡Antes de automatizar esos procesos, seguro que te equivocaste mil veces!

Además, los fracasos son grandes maestros, ya que nos enseñan mucho:

- **Nos hacen aprender:** cuando tenemos un objetivo claro, fracasar nos invita a buscar qué es lo que podemos haber hecho mal, descubrir dónde hemos fallado y cómo podemos mejorar la próxima vez. Ese fracaso nos enseña, y ese aprendizaje no es en vano en absoluto, porque, cuando volvemos a intentarlo, tenemos más experiencia para lograrlo.

- **Aumentan nuestra resiliencia:** el fracaso nos produce una gran incomodidad e incertidumbre. Si vivimos uno o más fracasos, generaremos más resistencia y capacidad para asumir otros desafíos de la vida cuando se nos presenten. El fracaso es un gran maestro de la resiliencia.

- **Fomentan la creatividad:** fallar nos produce una especie de «cortocircuito mental»; se rompe nuestro esquema, nuestras perspectivas, nuestras ideas y nos genera una incertidumbre muy incómoda, en la que solemos pensar: «¿Y ahora qué hago?». En este tipo de situaciones nuestra creatividad aumenta de forma considerable porque tenemos que encontrar una solución, otro camino, y la forma de solventar ese fracaso, lo que hace que quizá se nos ocurran cosas que en «condiciones normales» dentro de nuestra «zona de confort» no se nos ocurrirían.

En muchas ocasiones el éxito se consigue fallando y aprendiendo de cada error. Ser bueno en algún aspecto de la vida puede costar años y años de fracasos. **Si tienes un objetivo claro, ya sea grande o pequeño, ten paciencia y no tires la toalla.**

HERRAMIENTAS PARA AFRONTAR MEJOR EL FRACASO

1
Acepta **tus**
sentimientos

Cuando vivas un fracaso, lo primero que puedes hacer por ti mismo es aceptar y validar tus sentimientos. **No intentes sentirte bien si no lo estás, ni fingir haberlo superado si no es verdad.** Es normal que estés afectado o afectada, y por ello permítete tener un periodo de tiempo para procesar el duelo. Estas emociones, aunque parezcan negativas, reflejan que tenías mucho interés en esa oportunidad, lo cual dice algo bonito de ti. ¿O es que preferirías que todo te diera igual?

Te invito a detenerte un momento a observar tus emociones y escribirlas en un papel: ¿Cómo me siento? ¿Siento tristeza, rabia, frustración...?

Trata de recordar un fracaso que hayas vivido hace bastante tiempo y recuerda cómo te sentías justo después y cómo lo superaste. Después, piensa en otra ocasión en la que te pasase algo similar. ¿Te sentiste igual o pudiste relativizar la frustración?

Una vez que hayas aceptado que el pasado no se puede cambiar, piensa que sí puedes enfocarte en construir tu futuro. Párate a reflexionar:

- ¿Qué ocasiones tendré para mejorar mis resultados? ¿Se acaba el mundo o me esperan nuevas oportunidades en el futuro? ¿Qué puedo aprender de esta situación? ¿Qué cambiaré la próxima vez para hacerlo mejor? ¿Qué cambios en mis acciones me harán estar más orgulloso de mí?

2
No te tomes **el fracaso** como algo personal

Puede que hayas fallado, pero eso no es parte de tu identidad. Simplemente forma parte de tu trayectoria vital. Fracasar no es ser un fracasado. Es importante saber diferenciar esto, porque un fallo no te determina ni te define como persona.

Recuerda un fracaso que hayas tenido, ya sea reciente o de hace tiempo, y visualízalo. ¿Consideras que eres un fracasado? ¿Crees que no diste la talla? ¿Piensas que ese fracaso te define? ¿Pasas tiempo de tu día martirizándote por lo mal que lo hiciste? ¿Ese fracaso te hace peor persona? ¿Ha hecho que creas menos en ti? ¿Qué emociones sientes ante él? ¿Te ha cambiado? ¿Cómo lo ha hecho?

3
Fracasar es avanzar

Si ese fracaso te afecta, seguramente sea porque te importa, y, si te importa, sin duda te has esforzado mucho para conseguir tu objetivo deseado. Y si te has esforzado mucho, ¿crees que es justo para ti que te fijes solo en ese estado final, que es el fracaso? Imaginemos el caso de un deportista de élite.

Sergio es nadador profesional. Desde hace cuatro años, entrena una media de ocho horas diarias, se levanta todos los días a las siete de la mañana, tiene una dieta saludable, se cuida física y mentalmente y está enfocado en su objetivo: conseguir los tiempos necesarios en 200 metros braza para poder representar a su país en un torneo internacional de natación. A pesar de todo el esfuerzo llevado a cabo, al final no consigue alcanzar los tiempos mínimos que se requieren para poder competir.

¿Ha fracasado? Pues si consideramos solo el resultado la respuesta a la pregunta sería un rotundo sí. Pero si pensamos en la trayectoria... todo ese esfuerzo no cae en saco roto: las horas de entreno han profesionalizado su técnica, le han generado una mayor seguridad en su disciplina deportiva, ha mejorado las marcas personales con las que empezó, ha viajado a otros países para competir, ha aumentado su resiliencia y ha estrechado el vínculo que tenía con su equipo y su entrenador. ¡Que no consiga clasificarse para participar en el torneo no significa que sea un fracaso absoluto!

Veamos ahora otro ejemplo sobre el objetivo de conseguir un título de un idioma.

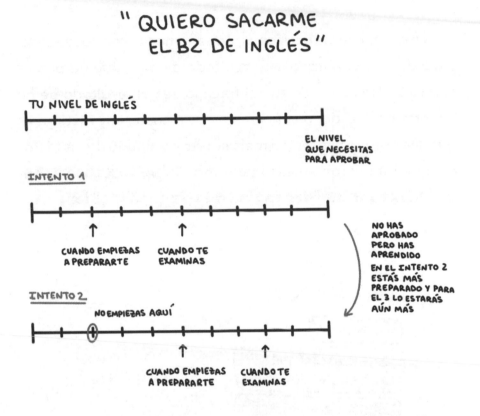

" QUIERO SACARME EL B2 DE INGLÉS "

TU NIVEL DE INGLÉS

EL NIVEL QUE NECESITAS PARA APROBAR

INTENTO 1

CUANDO EMPIEZAS A PREPARARTE

CUANDO TE EXAMINAS

NO HAS APROBADO PERO HAS APRENDIDO

EN EL INTENTO 2 ESTÁS MÁS PREPARADO Y PARA EL 3 LO ESTARÁS AÚN MÁS

INTENTO 2

NO EMPIEZAS AQUÍ

CUANDO EMPIEZAS A PREPARARTE

CUANDO TE EXAMINAS

nacidramática

Lo más importante de esta ilustración es reflexionar sobre este tipo de fracasos. Saber que, aunque falles y no consigas el objetivo, **la siguiente vez que lo intentes no vas a empezar desde cero ni desde el lugar donde comenzaste en el anterior intento.** Quizá no has conseguido ya ese esperado éxito, pero no olvides que sí has avanzado y mejorado.

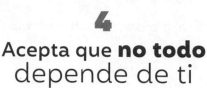

4
Acepta que **no todo**
depende de ti

En la mayoría de las ocasiones, no tenemos el control de todo, y puede que el fracaso sea resultado de algo que no podías controlar. Una cosa es que el fracaso sea el resultado de no haberte esforzado lo suficiente, y otra cosa muy distinta es que sea porque has tenido mala suerte en alguno de los factores que influyeron en ese resultado. **Es importante saber que las cosas que dependían de ti las hiciste bien.**

Volviendo al ejemplo anterior, ante un examen hay cosas que puedes controlar y dependen de ti y otras que no.

Debes centrarte en esforzarte, ser constante, organizarte bien y tener unos objetivos definidos y realistas. Pero el día del examen habrá cosas que no dependerán de ti. Ni podrás controlar tus nervios ni la dificultad del examen ni a los examinadores que te evaluarán. Por tanto, no pierdas energía ni tiempo en cosas que no dependen de ti y que no puedes controlar y céntrate en las cosas en las que sí puedes influir.

5
Pon el **foco en ti**,
no en los demás

Con demasiada frecuencia buscamos el reconocimiento de los demás, lo que nos lleva a tratar de alcanzar el éxito y a tener miedo al fracaso. Eso hace que muchas veces nos avergoncemos de nuestros fracasos porque nos centramos en lo que van a pensar los otros. Es normal que te afecte la opinión de las personas de tu entorno, pero eres tú quien lo ha intentado, quien ha puesto la energía en lograr eso que deseas y no tienes que avergonzarte por haber fallado.

Recuerda algo que te supusiera un reto. ¿En quién pensabas antes de hacerlo? ¿En tus padres, en tu pareja, en tus amigos, en tus profesores...? ¿Tenías miedo de defraudar a alguno de ellos? ¿Sentías su presión? ¿Te daba vergüenza fallar?

Es posible que esos pensamientos fueran contraproducentes para ti. La próxima vez intenta centrarte solamente en estar satisfecho de ti mismo y no en lo que los demás esperan de ti.

El que *fracasa* es el que **abandona**, porque, mientras lo intentas y te esfuerzas, tienes oportunidades para **conseguir tu objetivo.**

Siéntete orgulloso de tus **aciertos** y *fracasos* porque te han hecho llegar **al lugar donde estás hoy.**

PONER
límites

Poner límites es fijar «una línea» entre nuestro espacio y el de los demás. Si alguien la sobrepasa, pensamos que está invadiendo nuestros derechos, valores, necesidades o preferencias. Se trata de expresar a las personas de nuestro alrededor las cosas que no tenemos que aguantar ni soportar

Poner límites es el arte de la asertividad, la cual definimos como la habilidad de expresar nuestros deseos y necesidades de una forma amable, abierta, directa y adecuada; logrando decir lo que queremos sin atacar las necesidades ni derechos del resto.

Vamos con un ejemplo: Blanca disfruta mucho dibujando en su habitación; le encanta disfrutar de su tiempo libre y que nadie invada su espacio; pero Blanca no vive sola. Cuando su madre llega a casa, abre la puerta de su habitación para preguntarle qué está haciendo. Esto a ella le molesta mucho; sin embargo, es incapaz de decirle a su madre que no entre en su habitación sin antes preguntar o llamar a la puerta, piensa que puede crear mal rollo, cree que su madre pensará que «todo le molesta» y pasa de tener esa conversación.

1. **¿Qué sucede en la relación de Blanca con su madre?**
   - Lo que sucede es que Blanca tiene unas necesidades que no ha expresado a su madre y, por tanto, esta no sabe que a ella le molesta este comportamiento.

2. **¿Blanca sería egoísta si pide a su madre que respete su espacio personal? ¿El límite que debería poner es una tontería?**
   - Una creencia de muchas personas es pensar que, si ponemos límites, somos egoístas. Y hay algo que debemos aprender: comunicar a los demás nuestras necesidades no es egoísta, es un acto de amor propio. Ningún límite es una tontería si así lo necesita la persona. Cada persona tiene unas necesidades y lo que a uno puede parecerle una tontería para otro no lo es. Hay que respetar y entender las diferencias individuales.

3. **¿Cómo debería actuar Blanca?**
   - Cuando una persona no soporta los actos de otra y no se lo comunica, la relación se deteriora. Cada vez que su

madre invada su intimidad, a ella le va a molestar más. Por ese motivo, los límites deben establecerse lo antes posible. Además, seguramente, siempre que se dé esta situación y Blanca no le comunique a su madre sus necesidades, se sentirá mal. Cuando no ponemos límites, después nos sentimos mal, porque vivimos cosas que no queremos vivir; nos sentimos humillados, anulados y pensamos que nuestros sentimientos no tienen valor.

4. **¿Qué sucede si Blanca no establece ese límite?**

- Los límites más difíciles de establecer son los que ponemos a las personas que más queremos y con las que pasamos más tiempo de nuestra vida. Porque, además, en ocasiones, hemos estado aguantando eso que nos molesta de su actitud o actos «porque los queremos». Pero debemos aprender que, aunque sea una persona muy cercana, no tiene por qué sobrepasar nuestros límites y necesidades. Poner límites en esas relaciones es muy importante para que se desarrollen de una forma sana.

5. **¿Debe Blanca aguantar cosas que le molestan porque es su madre y al final son cosas propias de la convivencia?**

- Blanca debería contarle a su madre lo que le ocurre, por qué le molesta y cómo podrían cambiarlo. Podría establecer un límite sano en su relación con ella. Hay una frase que me encanta: «para tener relaciones sanas, se deben tener conversaciones incómodas».

6. **¿Por qué crees que Blanca no es capaz de establecer el límite?**

- Son muchas las razones por las cuales nos cuesta poner límites. Entre ellas, se encuentran el miedo a quedarnos solos, el sentimiento de culpa, el temor al conflicto, la baja autoestima, poner las necesidades del resto por encima de las nuestras o una falta de seguridad. Blanca debería descubrir cuáles son sus motivos para trabajar en ellos.

7. **¿Mejoraría la relación de Blanca y su madre si se pusiera el límite?**

- Es posible que en un primer momento y, a corto plazo, se produjera tensión entre ellas si su madre no reacciona bien a su solicitud. De hecho, algo que debemos tener en cuenta sobre poner un límite es que a la otra persona puede sentarle mal, y debemos validar y comprender su emoción. Porque, sí, es posible poner un límite y validar la emoción del otro al mismo tiempo. A largo plazo, la relación entre Blanca y su madre será mucho más sana.

El trasfondo de no poner límites suele ser una baja autoestima, desde la cual valoramos más las necesidades del resto que las nuestras. Desde esa baja autoestima pensamos que la única forma de conservar la relación es ayudar y complacer al resto, porque no nos creemos merecedores de pedir cosas a los demás.

HERRAMIENTAS PARA APRENDER A PONER LÍMITES

6

Descubre **por qué tienes**
miedo a poner límites

¿Con cuáles de estos motivos te identificas?

Miedo al conflicto

«Si le explico a mi hermana que no me gusta que utilice siempre mi ropa, discutiremos».

Miedo al rechazo o al abandono

«Si a mi pareja le digo que no me gusta que me llame constantemente, es posible que me deje o se enfade».

Sentimiento de culpabilidad

«Si no hago lo que me pide, soy mal amigo».

Necesidad de complacer

«Aunque yo quiero ir a otro restaurante, iremos al que quiere mi madre porque así le demuestro que la quiero».

Son muchas las ocasiones en las cuales decimos «sí» cuando realmente queremos decir «no». ¿Recuerdas alguna? ¿Cómo empezar a decir «no» en lugar de «sí»?

7
Viaja **al pasado** para
decidir el presente

Es momento de mirar hacia atrás. Es muy probable que haya habido momentos de tu vida en los cuales sabes que deberías haber puesto límites, pero no lo hiciste. Apunta cada una de esas situaciones y explora cuál crees que puede haber sido el motivo de poner las necesidades del resto por encima de las tuyas.

Ahora ve identificando cuáles son las necesidades que quieres proteger y qué límites son los que no quieres que nadie sobrepase. ¿Qué es importante para ti? ¿Cuáles son tus valores? ¿Qué quieres proteger? Empieza por temas generales y luego ve acotándolos.

Observar cuáles son nuestros valores nos va a hacer descubrir qué comentarios o situaciones no queremos aguantar bajo ningún concepto y, por tanto, nos ayudará a poner límites. Saber qué es lo que queremos, somos y valemos nos ayuda mucho a ser capaces de considerarnos como prioridad.

8
Elimina las **creencias negativas**
sobre poner límites

Cuando te vengan a la cabeza creencias negativas sobre poner límites, desmóntalas con estos razonamientos:

- «Si no hago lo que la otra persona necesita, soy un egoísta» → Poner límites no es un acto egoísta, ya que contribuye a que la relación se mantenga de forma saludable en el tiempo.

- «El amor no sabe de límites» → El amor sí tiene límites, si es una relación saludable. Ponerlos sirve para cuidar la libertad e intimidad de cada uno y dar espacio a las ideas, necesidades, opiniones, personalidad y decisiones de nuestra pareja.

- «Si quiero a mi familia y a mis amigos, debo compartir todo con ellos» → No tenemos por qué compartir todas las vivencias y todo el tiempo con nuestras familias; de hecho, hacerlo atenta contra nuestra intimidad e individualidad.

- «Si pongo límites, puede que me quede solo» → **Poner límites aumenta la seguridad en ti mismo y tu autoestima.** Se trata de transmitir de forma asertiva y respetuosa las necesidades que tienes para llegar, así, a un consenso y equilibrio. Haciendo siempre lo que el resto quiere estás olvidándote de ti. Mereces rodearte de personas que entiendan tus límites, igual que tú los suyos.

- «Siempre tengo que estar para quien me necesita» → Una relación de amistad, familia o pareja se basa en el apoyo mutuo y en el cuidado de las personas que queremos. Pero no tenemos por qué estar siempre. En una relación sana, la otra persona comprenderá que tengas tus responsabilidades o necesidades. Si siempre estamos para todos, al final nos perdemos, porque nunca nos atendemos a nosotros.

9
Utiliza **un cuadro**
de autorregistro

Para saber cuáles son tus límites debes explorarte. Dedica tiempo a escucharte, a descubrir y definir cuáles son las cosas que te duelen, que te enfadan. **Detecta qué es lo que necesitas, qué es aquello que no quieres soportar y cuáles son tus valores y derechos.**

Para ello, te propongo elaborar un cuadro de autorregistro, en el cual expliques situaciones en las que piensas que deberías haber puesto un límite, pero no lo has hecho.

Ejemplo...

Describe la situación en la que no estableciste el límite: dónde estabas, con quién y qué ocurrió.	Estaba con mis amigos comiendo y, cuando terminamos, yo debía irme, dado que la semana siguiente tenía un examen importante. Cuando lo comuniqué, mis amigos empezaron a decirme que no me fuese, que era aburrida.
¿Cuál fue tu conducta ante este acontecimiento? ¿Qué hiciste y dijiste?	Todos empezaron a decir que me quedase e insistieron tanto que al final me quedé.
¿Qué sensaciones e ideas tuviste en ese momento y después? (diálogo interno, emociones, sentimientos y sensaciones físicas).	Sentí que era una irresponsable y que no tenía el poder sobre mi vida. Estuve muy preocupada durante esa tarde y me sentí fatal y agobiada al llegar a casa. No quería ser la aburrida del grupo y esa presión me hizo ignorar mis necesidades.
¿Qué sensaciones e ideas tuviste en ese momento y después? (diálogo interno, emociones, sentimientos y sensaciones físicas).	Me hubiera gustado ser capaz de respetar mi organización y mis prioridades, y sentir que soy responsable.

«Lo siento, chicos, este examen es muy importante para mí y **debo estar bien preparada**. Otro día podemos volver a quedar pero ahora **tengo que irme**».

Gracias a este cuadro podrás Identificar en qué situaciones, ámbitos, momentos y con qué personas te cuesta más poner límites. Además, te ayudará a descubrir patrones y a aumentar tu autoconocimiento.

Por otro lado, te recomiendo practicar las respuestas que te gustaría dar en voz alta o ante el espejo. Cuanto más practiques, más interiorizarás estas respuestas que podrás aplicar en futuras situaciones en las que necesites decir «no».

10
Define **tus propios**
límites

Una vez hecho el registro anterior, es posible que hayas sacado muchas conclusiones. Ahora es momento de definir cuáles son las barreras que nadie debe sobrepasar.

Escribe los diferentes roles que desempeñas como persona y establece los límites que te gustaría tener en cada uno de ellos. Cuanto más detallada sea tu lista, más fácil será ponerlos en práctica cuando lo necesites.

Ejemplo: Cristina es una mujer de 36 años. Vive en Barcelona y trabaja como psicóloga en una clínica. Está casada con Diego y tienen una hija de 4 años. Cuenta con un círculo bastante amplio de amigos, con los que se relaciona a menudo. Disfruta mucho pasando tiempo sola, tiene numerosos hobbies, entre ellos le encanta hacer deporte y leer.

Cristina desempeña distintos roles y establece unos límites en cada uno de ellos:

- En su rol de **madre**, pone límites a su **hija**: Cristina le ha explicado a su hija que debe respetar que tiene que ir a trabajar y no llorar cuando se va de casa. También le ha enseñado que, cuando está leyendo, no debe interrumpirla porque este es un momento importante del día para ella.
- En su rol de **pareja**, pone límites a su **marido**: Cristina pactó con él no utilizar palabrotas, no alzar la voz cuando discuten, no interferir en las tareas que disfrutan haciendo de forma individual y no presionar si a la otra persona no le apetece tener sexo.
- En su rol de **psicóloga**, pone límites a sus **pacientes**: Siempre que tiene un nuevo paciente, Cristina explica sus límites. Los pacientes deben ser puntuales, no hacer comentarios homófobos, machistas ni racistas durante la terapia y no mandarle mensajes o llamarla fuera del horario laboral.

Ahora piensa cuáles son tus roles y haz una lista con tus límites para cada uno de ellos.

Y recuerda: cuando no pones límites a otros **te los estás poniendo a ti.**

AUMENTAR TU
autoestima

La autoestima afecta a todas las áreas de nuestra vida: la familiar, la profesional, la social... Influye en las decisiones que tomamos, la forma en la que nos relacionamos, cómo nos hablamos a nosotros mismos o los proyectos que comenzamos o dejamos a medias. Una persona con una autoestima limitada puede tender, por ejemplo, a aislarse.

Pero ¿qué es la autoestima? ¿Por qué es tan importante trabajar en ella? La autoestima es el concepto que tenemos sobre nuestra propia valía, es decir, cuánto creemos que valemos como personas, por tanto es un concepto subjetivo. La autoestima no se define en función de lo que sabemos, somos o tenemos, sino que se define en función de si nos aceptamos o no. Una autoestima sana significa que nos sentimos a gusto con lo que hacemos y lo que somos, mientras que una autoestima limitada es el producto de no aceptar quién somos ni nuestras acciones. Todo lo que hacemos está influenciado por nuestra autoestima y, dependiendo de si tenemos una autoestima sana o no, nuestras acciones serán diferentes. Por eso es muy importante saber trabajar para aumentarla. Pero... ¿cuándo y cómo se crea la autoestima?

Desde muy pequeños empezamos a crear el concepto de nosotros mismos y es en la infancia donde se establecen pilares estables sobre la concepción de nuestra valía. Por tanto, las primeras experiencias, como, por ejemplo, la relación con nuestros padres y hermanos, los comentarios de nuestros profesores o el vínculo que tenemos con nuestros amigos y la forma en la que nos han tratado son factores muy importantes que influyen en nuestra autoestima. Vamos creando expectativas acerca de lo que pensamos que valemos en función de si nos sentimos aceptados y si nos gustamos a nosotros mismos.

Sin embargo, el nivel de autoestima no es constante, sino que va fluctuando a lo largo de nuestra trayectoria vital, en función de si tenemos un sentimiento positivo de todas las impresiones, evaluaciones y experiencias o, por el contrario, este sentimiento es negativo. Esta imagen que tenemos de nosotros mismos es una imagen aprendida de todo lo que nos va ocurriendo, de las interacciones que tenemos con los demás, de las opiniones del resto o del sentimiento de que encajamos o no, mediante la valoración que hacemos de todo ello y cómo interiorizamos la opinión que tienen de nosotros.

¿Y de qué se forma la autoestima? El psicoterapeuta Nathaniel Branden definió «los 6 pilares de la autoestima»:

1. **Autoconocimiento:** Para poder querernos y valorarnos, necesitamos conocernos y tener conciencia de nuestros actos, pensamientos, palabras o intenciones. Tanto las cosas que nos gustan de nosotros como las que no. Para aumentar nuestra autoestima debemos saber quiénes somos.

2. **Autoaceptación:** Se trata de estar dispuestos a experimentar lo que sentimos, pensamos, soñamos o hacemos, es decir, dejarnos ser tal y como somos. Por otro lado, debemos ser amigos de nosotros mismos y, por tanto, compasivos, evitar cuestionarnos o criticarnos, y simplemente aceptarnos.

3. **Responsabilidad:** Para tener una autoestima sana, debemos reconocer la responsabilidad que tenemos sobre nuestra propia vida y las decisiones y acciones que tomamos. Asumir lo que hacemos, ser conscientes de que somos nosotros los que controlamos nuestro bienestar y aceptar que somos responsables de lo que hacemos y de lo que no.

4. **Autoafirmación:** La autoafirmación tiene que ver con ejecutar acciones con base en nuestros valores, necesidades y deseos, es decir, poner límites y no renunciar a nosotros por complacer a otros.

5. **Vivir con determinación:** Para poder querernos debemos sentir que estamos en este mundo por algo, que tenemos unos propósitos. Una persona con autoestima sana contestaría estas preguntas sin problema: ¿Qué quiero hacer con mi vida? ¿Cuáles son mis objetivos a largo plazo? ¿Quién quiero ser?

6. **Integridad personal:** Se refiere a encontrar la coherencia entre lo que pensamos, decimos, sentimos y hacemos. Tiene que ver con la coherencia entre nuestros valores y nuestras acciones. Integra nuestra personalidad y nuestra conducta. Un ejemplo de autoestima limitada en este aspecto nos llevaría a rendirnos muy pronto cuando tratamos de conseguir algo.

HERRAMIENTAS PARA AUMENTAR TU AUTOESTIMA

11
Busca el origen de tu
autoestima limitada

Cuando tengas algún pensamiento negativo o miedo, cuestiónalo para descubrir de dónde viene, ya que si sabemos el origen lo podemos controlar y comprender mucho mejor. Recuerda algún pensamiento negativo o miedo que sueles tener que sea resultado de tu autoestima limitada y empieza a cuestionarlo.

Ejemplo...

¿Por qué tengo miedo a tener pareja? «Porque nadie va a quererme nunca».

¿Por qué pienso que nadie va a quererme nunca? «Porque no valgo lo suficiente como para que se me respete».

¿Por qué creo que no valgo lo suficiente? «Porque mi primera pareja me fue infiel».

De esta forma podrás ir descubriendo qué vivencias han creado esos pensamientos y miedos actuales.

12
Elogios, fortalezas y cosas de las que me siento orgulloso u orgullosa

Este ejercicio está formado por tres pasos y necesitas un papel para hacerlo.

Dibuja tres columnas, la primera tendrá el título «Elogios que me han dicho», la segunda «Mis fortalezas» y la tercera «Cosas que me enorgullecen».

Puede que al principio no se te ocurra nada, por eso debes dedicar el tiempo que necesites para completarlo; ve escribiendo conforme te vayas acordando.

1. Recuerda los elogios que te han dicho los demás. Por ejemplo: «Me siento genial cuando estoy contigo», «qué bien se te da cocinar», «tu pelo es superbonito», y puntúa de 0 a 10 cuánto te los crees. Después, fíjate en los que has puntuado bajo, 0, 1, 2, 3, 4 o 5, y hazte estas preguntas: ¿Por qué he puntuado tan bajo esos elogios? ¿Por qué los pongo en duda? ¿De qué me sirve cuestionarlos? ¿Qué pasaría si le diera más valor a esos elogios que me han dedicado? ¿Qué cambiaría en mí? ¿Qué pruebas tengo de que no son ciertos? ¿Cómo vería la vida?

   Cuando alguien nos dice algo bueno de nosotros, es porque realmente lo piensa y aunque nosotros no somos capaces de verlo, porque solo nos fijamos en nuestros defectos, otras personas sí tienen una visión objetiva desde fuera. Trata de creerte más esas cosas buenas que te dicen los demás.

2. Enumera las fortalezas que sabes que tienes. Por ejemplo: «Soy una persona empática», «se me dan genial los idiomas», «siempre trato de ayudar al resto», «soy muy paciente» y después hazte estas preguntas: ¿Por qué las tengo? ¿Qué he conseguido gracias a ellas? ¿Cuáles podría mejorar y cómo lo haría? ¿Para qué me ayudan estas fortalezas? ¿Todo el mundo las tiene? ¿Cómo afecta en mi autoestima saber que tengo esas fortalezas? ¿Por qué dudo de conseguir cosas si ya he conseguido cosas gracias a estas fortalezas?

3. Cosas de las que me enorgullezco: anota todas esas cosas que recuerdas haber logrado con orgullo, no todo tienen que ser cosas grandes como, por ejemplo: «He conseguido sacarme la carrera de Derecho». También puedes escribir pequeñas cosas que te hagan sentir orgullo, por ejemplo: «El otro día ayudé a mi vecino a subir los muebles por las escaleras».

Todas esas razones que te hacen sentir orgullo las has conseguido gracias a tus fortalezas. Por eso, tu lista cada vez será más larga, porque las fortalezas que tienes siguen ahí, no se van. Aunque en ocasiones no las veamos o las olvidamos, están ahí.

Cuando hayas rellenado esta lista, pégala o déjala en un lugar visible y sigue completándola a lo largo del tiempo. Te recomiendo que la repases de vez en cuando, especialmente en los momentos que sientas que tu autoestima está limitada.

Todos tenemos debilidades y fortalezas, pero las personas con una autoestima limitada solo se centran en las debilidades. Por ello, es necesario que recuerdes de forma habitual todo lo bueno que forma parte de ti, todo lo que puedes aportar o todo lo que has conseguido.

Este método te ayudará a enfrentarte a tus miedos, a gestionar mejor las novedades, a mejorar tus habilidades sociales o a alejarte de lo que te hace infeliz cuando tu autoestima disminuya.

13
No te **compares**
con el resto

Cuando nos comparamos con el resto, nuestra autoestima empieza a debilitarse, porque dejamos de fijarnos en nosotros mismos y en las fortalezas y habilidades que poseemos. No ponemos el foco en lo que nosotros tenemos y otros no, sino en aquello que nos falta y ansiamos y otros sí tienen.

Compararse en sí no es malo y, de hecho, puede ser constructivo. El problema son las connotaciones que le damos a esa comparación. Y es que la comparación se puede utilizar con dos objetivos:

1. **Para motivarnos:** Cuando nos comparamos con otros porque son un referente para nosotros, aparece una comparación positiva y constructiva. Los admiramos, queremos conocer su trayectoria vital, ver cómo han logrado esos objetivos que nosotros ansiamos y pueden ser una fuente de motivación para seguir sus pasos y crecer como personas.

2. **Para minimizarnos:** La comparación deja de ser constructiva si únicamente nos fijamos en lo que otros tienen y a nosotros nos falta. Eso puede ser cruel para nosotros y llevarnos al pozo.

Debemos aprender a poner el foco en nosotros. Aprende a compararte contigo, con tu yo del pasado, para poder ver la evolución o el progreso personal, pero no te compares con personas que tienen una trayectoria vital totalmente diferente a la tuya.

Te propongo hacerte las siguientes preguntas:

¿Qué cosas me gustan de mi vida? ¿Qué cosas me gustaría mejorar? Cuando me comparo, ¿cómo me siento? ¿Qué cosas me molestan de las otras personas? ¿Qué es lo que veo en los demás que me gustaría tener? ¿Otras personas son mejores que yo por tener lo que yo no tengo? ¿Si tuviera eso que envidio de otros me valoraría más a mí? ¿Realmente es útil compararme? ¿Es posible que a veces solo me fije en las cosas positivas del resto, como si no tuvieran nada negativo?

14
Trátate como a quien quieres

Coge un folio y recórtalo en papeles pequeños. En cada uno de ellos escribe cosas que tú haces por los demás cuando quieres demostrarles tu amor. Estos papeles los vas a meter en un tarro y cada día cuando despiertes sacarás uno. Cuando lo saques, lo leerás, y esa acción que harías por otros la vas a hacer por ti. Por ejemplo: «Cuando quiero demostrar el amor a alguien que quiero, le preparo su comida favorita». Pues ese día te vas a preparar tu comida favorita.

Este ejercicio te ayudará a aprender a cuidarte como cuidas a los demás, a hacer las cosas que haces por los demás, pero por ti, dándote el mismo trato que das a los demás.

15
Pon el foco en tu
diálogo interno

«Todo ha sido culpa mía», «soy un desastre», «no sirvo para nada». ¿Te resultan familiares? ¿A menudo te invaden pensamientos de este estilo? Estos son algunos ejemplos de pensamientos que podemos tener cada día y que nos hacen sentir muy mal. Para aumentar tu autoestima debes empezar fijándote en tu diálogo interno, de qué forma te hablas. Las personas con una autoestima alta se hablan de una forma positiva, amable o reconfortante; sin embargo, en personas con autoestima baja esta voz interna las sabotea, las ataca, las critica y las desprecia. No es lo que ocurre a tu alrededor, sino cómo interpretas esa realidad y cómo te la comunicas. De ahí la importancia de cuidar el diálogo interno y aprender a cambiarlo.

Te invito a hacer este ejercicio: durante unos días, escribe en la columna de la izquierda de una tabla los pensamientos negativos que tienes y que te transmites. Fíjate en ellos y ve apuntándolos.

Después de una semana completa las otras dos columnas. Pon en duda cada uno de tus pensamientos y reformúlalos.

Ejemplo...

Anota tu pensamiento	«Soy idiota por no haberme dado cuenta de ese detalle».	«Todo el mundo se va a reír de mí, lo voy a hacer fatal».
Pon en duda el pensamiento	«¿Realmente soy idiota por no haberme dado cuenta de un detalle?».	«¿Qué pruebas tengo de que lo voy a hacer fatal?». «¿Podría pasar otra cosa?». «Y si pasase eso que tanto temo, ¿podría superarlo?».
Reformula ese pensamiento	«No me he dado cuenta de ese detalle, pero la próxima vez prestaré más atención».	«Me he preparado esta exposición durante mucho tiempo, tengo los conocimientos y la práctica necesarios para que me salga bien».

El objetivo de este ejercicio es que te fijes en la forma en la que te hablas y que pongas en duda esos pensamientos que te pasan por la cabeza y que te están afectando de forma negativa. Por otro lado, se trata de «estar pendientes» de qué es lo que te dices y, cuando aparezca ese pensamiento, automáticamente lo detectes y lo reformules, te recomiendo reformularlo pensando en cómo le transmitirías ese mensaje a una persona a la que quieres.

Empieza a **hablarte y cuidarte** como
lo harías con las **personas que quieres**
para poder valorarte
y quererte.

DEJAR DE
procrastinar

¿Sientes que continuamente dejas para luego las cosas que debes hacer? ¿Cuando estás haciendo algo que consideras que es una obligación lo sustituyes por algo que te gusta más hacer o es más sencillo?

Pues esto es **procrastinar: posponer actividades o situaciones que debemos atender, las cuales sustituimos por otras más irrelevantes o agradables.** Esto lo hacemos por miedo, excesiva autoexigencia, pereza y también por el sentimiento de incapacidad.

Ahí va un caso práctico que seguramente te ha pasado numerosas veces. Imagina que tienes que hacer un trabajo de la universidad que debes entregar en un mes, pero sabes que te llevará bastante tiempo hacerlo y que tienes que organizarte para que el resultado sea el deseado.

Decidiste crearte una rutina, y dedicar tres horas semanales para elaborarlo: lunes y miércoles de 16.30 a 18.00. Llega el lunes a las 16.30 y te sientas en la mesa para empezar tu trabajo. De repente se te pasa por la cabeza que tu cama no está hecha y recuerdas que tener la habitación desordenada no ayuda a tener una buena concentración. Así que te levantas de la silla y empiezas a hacer la cama. Cuando terminas, piensas que con un café en el cuerpo te concentrarías más.

Vas a la cocina, enciendes la cafetera y te haces un café y, ya que estás allí, decides hacerte un sándwich para merendar, para así no tener que levantarte más en el tiempo que te queda.

Vuelves a tu habitación con todas las ganas de empezar ya con el trabajo. Te das cuenta de que son las 16.57 y decides que no vas a ponerte hasta las 17.00, porque… ¿cómo vas a empezar a trabajar a una hora tan rara?

Justo a las 17.00, te salta una notificación de que tu youtuber favorito ha subido un vídeo, y piensas: «Van a ser 10 minutitos de nada, me apetece mucho verlo. Lo veo y después ya me pongo a tope con el trabajo».

Pero, claro, el vídeo trataba de un nuevo videojuego que no conocías y que te ha parecido muy guay. Empiezas a pensar si quizá sería buena idea comprarlo. Miras la pantalla y te aparecen otros vídeos relacionados en YouTube con opiniones sobro el juego y, evidentemente, no puedes dejar de hacer clic en ellos. Ves tres vídeos y piensas que es buena idea comprarlo, pero te fijas en la hora, y ¡ups!, ya son las 17.45.

Te agobias bastante aunque buscas excusas: «Todavía me queda un mes para entregar el trabajo, voy a comprar el juego ahora y ya empiezo el miércoles».

Lunes 16.30   ➡️ 🛋️   ☕📱   🎮   ¡18.00! ¿Y el trabajo?
    ✓   ✓   ✓   ☹️

nacidramática

Tras comprar el juego, miras el reloj, y son las 18.07, y ahí empieza el sentimiento de culpa. Este sentimiento te hace empezar a pensar: «Otra vez me pasa lo mismo», «no soy capaz de centrarme», «podría haber dedicado una hora y media al trabajo y lo tendría más avanzado y al final no he hecho nada útil», «así nunca voy a conseguir mis objetivos» y un largo etcétera. **Un sentimiento de culpa que viene acompañado de agobio y decepción contigo mismo y provoca que tu estrés aumente y tu productividad baje.** Esto impacta negativamente en tu salud mental y te aleja de tus objetivos.

Un problema que provoca el exceso de procrastinación es que, si lo hacemos día tras día, puede convertirse en un hábito, de forma que la persona lo normaliza y puede no darse cuenta. Además de esto, los resultados de las tareas que llevamos a cabo son cada vez peores, ya que, al tener menos tiempo y trabajar bajo presión, tiramos por la borda nuestras capacidades y no damos el máximo de nosotros.

Y la gran pregunta es:
¿POR QUÉ PROCRASTINAMOS?

Porque nuestro cerebro busca el placer y la gratificación inmediata y valora más la satisfacción a corto plazo que a largo plazo. Ponernos a hacer tareas que no provocan una gratificación inmediata, como, por ejemplo, hacer deporte es, menos placentero que quedarnos en el sofá viendo una película, que sí ofrece una recompensa inmediata. **A pesar de que esto no sea racional, nuestro cerebro tiende a evitar el aburrimiento o la ira que nos produciría ejecutar esas costosas tareas y prefiere elegir las que nos generan una satisfacción inmediata.**

Así es como está programado nuestro cerebro, pero es que, además, con el móvil y las redes estamos hiperestimulados y las distracciones son demasiado fáciles. Por otro lado, estamos en la era de la inmediatez, acostumbrados a conseguir todo ya, ahora. Tenemos toda la información accesible y recibimos respuestas instantáneas a nuestras preguntas; por eso nuestra paciencia ha disminuido de forma considerable.

HERRAMIENTAS PARA NO PROCRASTINAR MÁS

16
Prepara el terreno:
divide las tareas
y elimina distractores

¡No te pongas a trabajar sin haber preparado el terreno!

- Dividir las tareas grandes en varias tareas pequeñas provoca que nos vayamos sintiendo realizados y productivos a medida que las hacemos.

- No es lo mismo proponerte «ir al gimnasio» que «hacer 3 series de sentadillas», después «correr 15 minutos en la cinta» y, por último, «hacer ejercicios de brazos con pesas», porque, cuando haces las 3 series de sentadillas, en tu cabeza pones un tic a esa tarea como ya hecha, y sientes una satisfacción inmediata.

- Por otro lado, cuando empieces con algo, ponte con ello al 100 %; no cambies de tarea hasta haberla terminado. A veces lo que más nos cuesta es empezar, después cogemos carrerilla.

- Cuando te propongas empezar con la actividad, elimina todos los distractores de tu vista y tu oído. Hazte una lista de las cosas que te provocan distracción, por ejemplo, el móvil, las personas, el ordenador, etc.

- Por otro lado, un truco muy útil es establecer horarios. Si tu principal distractor es el móvil, ponte un horario de móvil.

17
Prémiate cuando **cumplas** lo que
te habías propuesto

Estamos muy acostumbrados a sabotearnos, hablarnos mal y decirnos lo fatal que hacemos las cosas, pero apenas nos premiamos. Para dejar de procrastinar, necesitamos ayudarnos a nosotros mismos, y una forma es premiándonos.

Coge un papel y dibuja dos columnas. En la primera, pon el título «Cosas que suelo procrastinar», y en la segunda «Cosas que me encanta hacer». Añade 5-10 cosas que te cuesta hacer y 5-10 cosas que te encanta hacer. Después relaciona ambas columnas.

Por ejemplo: «Cuando consiga mi propósito de estudiar 2 horas al día durante 5 días seguidos iré a merendar a mi cafetería favorita» o «Cuando friegue después de cada comida durante una semana, podré estar una tarde entera viendo un maratón de películas».

18
Reflexiona sobre el **futuro** para
organizar tu tiempo ahora

Cuando tenemos claro a dónde queremos llegar es más fácil planificarnos. Define tus deseos y metas para saber cuál es el fin y después crea un camino hacia este.

Te planteo una serie de preguntas para definir tus objetivos:

- ¿Qué quiero a largo plazo?
- ¿Cuáles son mis metas?

Una vez que tengas marcadas estas metas, hazte estas preguntas:

- ¿Qué tengo que hacer para conseguir mis objetivos?
- ¿Qué errores he cometido en el pasado que me han alejado de mis deseos?
- ¿Cómo me voy a organizar?
- ¿Qué puedo priorizar?
- ¿Qué me está robando el tiempo y debería eliminar o reducir?

Cuando no sabemos cuáles son nuestras metas, vamos dando tumbos, perdemos el tiempo y no nos exigimos lo suficiente. Por eso es muy importante dedicar tiempo a reflexionar y a conocernos.

19
Disminuye la **autoexigencia** y la presión

Es muy posible que en ocasiones no lleves tus obligaciones a término porque sientes que «eres incapaz» de llevar a cabo eso que te has propuesto. Y, normal, porque a veces nos exigimos mucho más de lo que somos capaces de conseguir, especialmente al principio.

Te pongo un ejemplo claro. Empiezas a ir al gimnasio y quieres aguantar haciendo deporte una hora y media. Y lógicamente no puedes, porque acabas de empezar. Así que optas por dejar de ir. ¿Crees que es justo tratarte de esta forma? Si acabas de empezar en el gimnasio, proponte ir media hora, eres principiante y no puedes exigirte algo que lo único que va a provocar es que te desanimes y lo dejes. Adecúa la exigencia en tus tareas a tu experiencia.

Piensa en una actividad que quieres empezar a hacer de verdad y al principio no te pongas objetivos tan altos, sino objetivos más fáciles de alcanzar, que harán que te motives al principio y te ayudarán a crear el hábito. Cuando lo tengas, aumenta tu exigencia.

Porque hacer media hora de deporte es mejor que nada. Comer una fruta al día es mejor que nada. Ordenar uno de tus armarios es mejor que nada.

20
Comprométete
con otros

Cuando nos comprometemos a hacer algo con alguien, es más difícil que tratemos de escaquearnos de la tarea.

Así que, si puedes, haz las tareas que te cuestan con otras personas. Si te cuesta ir al gimnasio, intenta encontrar a alguien con quien compartir esa actividad. Si un día estás tumbada en el sofá y te planteas no hacer tu entreno, será más fácil que te lo saltes si sueles ir de forma individual que si tienes el compromiso de ir con otra persona.

Eso sí, no te juntes con una persona que te invite a saltaros el gimnasio juntos, porque entonces ya apaga y vámonos... 😉

Cuenta a otros tus objetivos: Al manifestar al resto lo que queremos conseguir, nos comprometemos aún más con nuestras metas. Sabemos que los demás lo saben y tenemos una mayor presión que nos lleva a esforzarnos más.

21
Ajusta el tiempo **para** aumentar tu productividad

Según la Ley de Parkinson, «el trabajo se expande hasta llenar el tiempo disponible para que se termine». De forma que, si tenemos tres días para llevar a cabo una tarea, tardamos tres días, aunque pudiéramos hacerlo en menos. Así que **ajusta el tiempo que dedicas a tus tareas para aumentar tu productividad.**

Por otro lado, puede parecer simple y típico, pero organízate, planifícate. Haz un calendario semanal y mensual de tus objetivos de esa semana y ese mes. Organiza tu tiempo dejando espacio para tu tiempo libre, relaciones sociales y cosas que te guste hacer. **Tener los objetivos por escrito nos hace aumentar nuestra disciplina.**

Utiliza checklists diarias y ve tachando las cosas ya hechas para regular tu productividad e ir viendo qué consigues de lo propuesto.

Nuestra productividad va variando dependiendo del momento y la tarea. Explora durante semanas cuándo rindes más haciendo cada tarea. Haz una lista de las tareas que sueles procrastinar y descubre cuándo las has llevado a cabo de una forma más fluida.

Aunque no sepas por dónde empezar, **empieza**.

No dejes que el **tiempo pase** y te vaya **alejando de tus sueños.**

APRENDER A DISFRUTAR DE
tu compañía

Te propongo un juego: abre tu navegador y escribe: «Sinónimos de soledad». Lo más bonito que te encontrarás es «aislamiento», «abandono», «desamparo», «encierro», «melancolía», «nostalgia», «añoranza» o «tristeza». Y es que en nuestra sociedad existe una connotación negativa acerca de estar solos o pasar tiempo en soledad. Eso hace que tratemos de evitar las actividades en soledad y busquemos siempre la compañía para llevarlas a cabo, e incluso juzgar a los demás cuando están solos.

Cuando vemos a alguien haciendo planes sin compañía, solemos tener la convicción de que es porque no tiene a nadie con quien hacerlo y no le queda otra opción, si quiere salir de su casa, que hacerlo de forma solitaria. Pero... ¿y si planteamos la posibilidad de que esa persona puede haber elegido hacer esa actividad solo o sola por voluntad propia?

¿Y de dónde viene esta creencia?

Si miramos hacia atrás, este prejuicio nos invade desde nuestra infancia. Si haces memoria..., ¿qué te decían tus padres cuando te portabas mal y querían castigarte? Entre muchas cosas, seguro que una de ellas sería: «Vete a tu habitación solo a pensar». ¿Te suena? Lo mismo ocurría en el colegio: cuando te echaban de la clase por tener un mal comportamiento, la orden de irte fuera venía acompañada de un «Sal fuera a pensar». Desde la infancia has escuchado esta frase, en la que se transmite que «estar solo» y «pensar» es un castigo y, por tanto, algo desagradable y malo.

Por otro lado, es probable que cuando eras pequeño e ibas con tus familiares o amigos al cine, a un restaurante o una cafetería, y alguien estaba ahí aparentemente haciendo el mismo plan que vosotros, pero en soledad, alguien comentase algo tipo... «Mira a ese, comiendo solo, qué raro»; «¿Cómo puede venir una persona al cine sola?, ¡qué aburrimiento!»; «La gente que hace cosas sola es porque no tiene a nadie y no le queda más remedio». Llevamos años y años escuchando estos comentarios que nos han hecho aprender que no es normal hacer cosas sin compañía e incluso está mal visto socialmente.

Además de esto, en ocasiones otras personas pueden habernos hecho comentarios como: «Si no haces tal cosa, nadie va a quererte». Estos comentarios pueden llegar a hacernos creer que si estamos solos hay algo que no hemos hecho bien o que el resto de las personas nos han rechazado. Es decir, nos transmiten la creencia de que si estamos solos se debe a que nadie nos ha elegido.

Nos preocupa la soledad y nos preocupamos cuando alguien pasa demasiado tiempo con uno mismo.

Cabe destacar **que aprender a estar solo no significa alejarse de los seres humanos y pasar tiempo siempre contigo**, somos seres sociales y es normal que sintamos la necesidad de buscar compañía en mayor o en menor medida. Tampoco significa disfrutar siempre de estar solos, ya que hay cosas que podemos disfrutar más haciéndolas con otros. Esta idea pretende que aprendamos a disfrutar el tiempo que pasamos solos, que no nos tengamos miedo a nosotros mismos. **Que disfrutemos tanto el tiempo que pasamos en soledad como el que compartimos con nuestras personas queridas.**

¿Qué sucede cuando no soportamos la idea de pasar tiempo solos?

- **Pasamos un mal trago cuando estamos solos:** Aunque queramos estar siempre ocupados con gente, a veces no será posible. Cuando no hay posibilidad de compartir nuestro tiempo, quizá sientas incomodidad o angustia, cosa que puede afectar a nuestras emociones, nuestro sueño o alimentación. Además, aparecerán sentimientos de no saber qué hacer para pasar el tiempo y disfrutarlo. Todas estas emociones negativas pueden alimentar la idea de que la soledad es mala y nos llevará a evitarla cada vez más.

- **Aumenta la dependencia hacia los demás y mantenemos relaciones poco saludables:** Cuando nos agobia la idea de estar solos, podemos llegar a conformarnos con la compañía de personas que no nos aportan suficiente, con quienes realmente no disfrutamos el tiempo y haciendo planes que no nos hacen especial ilusión. Al sentirnos abrumados ante la soledad, creemos que estar con cualquier persona nos hará estar más tranquilos y felices que compartiendo nuestro tiempo con nosotros mismos. Es aquí cuando aparece el concepto de «dependencia emocional», y es que, cuando no tenemos esta idea trabajada, podemos llegar a apegarnos a personas de nuestro alrededor para sentirnos bien.

Cuando aprendemos a estar solos, ya no tenemos miedo a nada, no nos conformamos con cualquier compañía, nos volvemos más exigentes en nuestras relaciones y estas son de mayor calidad. Además de que nos sentimos libres y sabemos que, como solos estamos bien, no aceptaremos nada que no nos parezca bien de otros, nos volvemos menos manipulables y nos priorizamos mucho más. No podemos tratar de llenar nuestro vacío interior con personas o con cosas; se trata de trabajar en sentirte bien en soledad. Y esto es muy bonito.

Aprender que, si un día no podemos pasar la tarde con nuestros amigos, no pasa nada; entender que hay que trabajar en las emociones negativas que nos produce estar solo.

HERRAMIENTAS PARA DISFRUTAR DE LA SOLEDAD

22
Ponte a prueba y descubre tus **creencias negativas** acerca de la soledad

Te propongo hacer una actividad solo o sola; por ejemplo, ve a dar un paseo largo sin móvil ni ningún otro distractor para comprobar qué sensaciones te produce, para ver cómo te sientes por dentro y contigo mismo. Esta actividad tiene como objetivo el autoconocimiento, para ver en qué punto te encuentras, comprobar si te produce ansiedad, aburrimiento, vacío o si, por el contrario, disfrutas de esta actividad, te relaja y te hace reflexionar.

Cuando termines la actividad, te animo a responder estas preguntas:

- ¿Qué emociones has sentido estando solo o sola?
- ¿Cuál es tu opinión sobre la soledad?
- ¿Cuándo crees que adquiriste esta opinión o quién te la creó?
- ¿Qué significado tiene para ti estar solo?

A través de estas preguntas podrás comprender qué significado tiene para ti pasar tiempo contigo, cuáles son tus creencias sobre la soledad, si estas son negativas y desde cuándo puedes tenerlas.

23
Explora las **cosas positivas** que puede brindarte estar solo o sola

Pasar tiempo solo o sola aporta muchísimas cosas positivas; algunas serán comunes para todos y otras serán específicas para ti. Es posible que tengas creencias limitantes acerca de la soledad, y para eliminarlas te propongo crear una lista de los beneficios que te traería implantar esta actividad en tu rutina. Haz una lista lo más larga posible, escribe todo lo que se te ocurra, aunque sean cosas que consideres demasiado simples.

Ejemplo...

Cosas **positivas** que me puede brindar estar **solo**

Dejaré de **depender emocionalmente** de los demás.

Cuando quiera ir a un restaurante iré al que **yo quiera** sin necesidad de tener en cuenta la opinión de otros.

Reflexionaré sobre los acontecimientos **pasados** y sobre el **futuro** que quiero crear.

Dedicaré tiempo a **conocerme mejor** y a **comprender mis emociones**.

Me volveré **menos manipulable** ante las peticiones de otros.

Aumentará la **calidad de mis relaciones personales** ya que me conformaré menos.

Al llevar a cabo esta tarea, tomarás consciencia de que realmente realizar actividades en solitario puede ser algo positivo. Por eso te recomiendo hacerlo con tranquilidad, sin prisa, y exprimiendo al máximo tus ideas; cuanto más larga sea la lista, mejor.

24
Prepara **tus planes contigo** igual que lo harías con otras personas

Pasar tiempo con uno mismo no significa tumbarse en el sofá, empezar a ver la primera película que te proponga una plataforma y utilizar el móvil mientras la ves.

Se trata de disfrutar del tiempo, igual que lo haces cuando lo compartes con otros. Se trata de preparar todo como lo haces cuando quedas con alguien. ¿Acaso cuando tienes una cita con otros eliges la primera película que sale en televisión? ¿Acaso te pasas toda la película usando el teléfono? ¿O te pones la ropa más fea de tu armario? Prepara la situación que vayas a realizar en soledad tanto como la prepararías con otra u otras personas. Por ejemplo, compra unas patatas que te gusten, ponte una ropa que te quede bien, y no la más fea o vieja por el hecho de estar solo o sola, haz una búsqueda intensa hasta encontrar una película que realmente te llame la atención, dúchate e hidrata tu piel antes de empezar... No se trata de hacer grandes planes, sino de encontrar pequeñas cosas que disfrutas y no esperar a llevarlas a cabo, entender que tú eres tu cita igual que pueden serlo tu amiga, tu pareja o tus padres.

25
Prueba a **hacer cosas** que
no sueles hacer solo o sola

Como en todo, para lograr disfrutar de tu tiempo a solas se necesita práctica. No esperes hacerlo dos días y ya, como por arte de magia, disfrutar muchísimo. Es normal que al principio sientas aburrimiento, te cueste o te dé vergüenza. Pero lo importante es empezar.

Crea una lista lo más larga posible con actividades que te gustaría hacer a solas. Elige y puntúa estas actividades de 0 a 10. Donde 0 sea «actividad fácil» y 10 «actividad difícil».

Ejemplo...

ACTIVIDAD	DIFICULTAD
Ir de compras	2
Viajar	9
Comer en un restaurante	6

Empieza por las actividades más fáciles, organiza tu semana añadiendo estas actividades para ir adquiriendo práctica. Igual que, por ejemplo, una vez por semana quedas con tus amigos para salir de fiesta, pues un día a la semana quedarás contigo para hacer un plan que te guste.

Por otro lado, olvídate de lo que vayan a pensar los demás; ten cuidado con los posibles pensamientos negativos que te pueden pasar por la cabeza sobre qué podría pensar la gente que te vea realizando actividades a solas. Aprende a disfrutar de la soledad poniendo el foco en ti y en tu bienestar.

Cuando aprendes a **estar solo** dejas de **tener miedo** porque sabes que **siempre te tendrás a ti.**

SUPERAR UNA RUPTURA
amorosa

Las rupturas amorosas se viven muy intensamente, son una gran fuente de estrés y, en ocasiones, son muy difíciles de superar y aceptar, con lo que pueden llegar a sentirse como un duelo. **El dolor es normal.** Pueden aparecer sentimientos muy fuertes y pensamientos como «Siento que me muero», «Me falta el aire» o «Mi vida ya no tiene sentido». Se trata de un proceso de asimilación del cierre de un ciclo que ha sido muy importante en nuestra vida para volver a empezar, esta vez sin esa persona.

Para comprender cómo se vive una ruptura a nivel neurológico, hay que entender qué sucede en nuestro cerebro cuando estamos enamorados. ¿Alguna vez has oído que el amor es una droga? Esta frase es mucho más cierta de lo que crees.

Cuando estamos enamorados segregamos hormonas extremadamente adictivas: la serotonina, la dopamina, la adrenalina, la oxitocina y las endorfinas. Estas nos hacen sentir muy felices, positivos, con mucha energía y en un estado eufórico. Nuestro cerebro se acaba obsesionando con la persona que le provoca esa «bomba química». Y podemos llegar a tener «mono» de esa persona y, sobre todo, de lo que nos hace sentir. Esta bomba química se produce especialmente en los primeros meses y años de la relación.

Cuando vivimos una ruptura, al igual que cuando un adicto a las sustancias deja de consumirlas, aparecen efectos secundarios, entre ellos conductas depresivas u obsesivas, o incluso una especie de síndrome de abstinencia. Una ruptura tiene un impacto en nuestro sistema nervioso y puede causar tanto síntomas físicos (náuseas, dolor de cabeza, vómitos...) como psicológicos (insomnio, anhedonia, disminución del apetito...). Hasta puede llegar a producir cambios estructurales en el cerebro.

Durante una ruptura amorosa, los sistemas de recompensa de nuestro cerebro esperan «la droga» que en este caso es la persona. Pero, como esa dosis no llega, la reacción del cerebro es aumentar los síntomas psicológicos y físicos. Al no obtener esta dosis, nuestro cuerpo empieza a liberar cortisol, que es la hormona del estrés, haciendo que se creen pensamientos y estresores que activan el sistema de dolor.

En resumen, **cuando nos comportamos de forma impulsiva y llevamos a cabo conductas como enviar men-**

sajes a nuestra expareja con la necesidad de ver o saber de ella, estamos respondiendo a la necesidad de nuestro cerebro de recibir la dosis que necesita. A fin de cuentas, nuestro cerebro requiere tiempo para aceptar esa pérdida, que esa persona no estará y que ahora todo es diferente.

¿DÓNDE ESTÁ LA DOSIS QUE ME HACE SENTIR ENÉRGICO? VOY A HACER LO QUE SEA PARA CONSEGUIRLA (ME DA IGUAL PERDER LA DIGNIDAD)

nacidramática

Sin embargo, no todas las rupturas son iguales: no es lo mismo que la relación se rompa por mutuo acuerdo, porque las dos personas son conscientes de que no funciona y, por tanto, el dolor va a ser en ambas más o menos equilibrado, que cuando una de ellas es la que rompe y la forma en que lo hace. **Las rupturas en las que nos dejan con dudas, y las que son repentinas o que no son de mutuo acuerdo, se viven de forma muy dolorosa** si realmente queríamos a la persona. Por otro lado, hay personas que viven el duelo durante la relación: poco a poco se dan cuenta de que no es lo que desean y, cuando deciden terminar con la relación, ya no resulta tan doloroso.

Una ruptura de pareja supone la pérdida de los proyectos que teníamos con la otra persona, se deja de compartir tiempo y actividades, desaparecen las rutinas... La ruptura supone un antes y un después. Nuestra mente necesita tomarse un tiempo para conseguir aceptar que esa persona ya no va a formar parte de nuestra vida y por eso debemos permitirnos sentir esas emociones dolorosas sin miedo.

Para superar una ruptura de forma eficaz es muy útil ser consciente de cuáles son las etapas por las que pasaremos de forma inevitable. No se viven de forma secuencial, sino que podemos ir pasando de una a otra, e incluso sentir que estamos en varias de ellas, por ejemplo, en el mismo día.

1. **Negación:** Esta fase se caracteriza por una gran dificultad para aceptar que la relación ha acabado. Es una fase muy dolorosa, ya que la persona tiende a pensar que es simplemente algo temporal, que conseguirán resolver los problemas que había y acabarán volviendo. Pensamientos típicos de esta fase: «Es imposible que lo nuestro acabe, sé que lo vamos a arreglar».

2. **Ira y rabia:** Esta fase se caracteriza por el enfado con la expareja. Se tiende a culpar al otro de la ruptura, se empieza a odiar a la otra persona y, por tanto, a hablar mal de ella o deshacerse de todos los recuerdos. «Me ha

traicionado», «no me ha valorado», «no merece mis lágrimas» serían pensamientos típicos de esta fase.

3. **Negociación:** En esta fase se suele intentar la reconciliación con la otra persona, se le promete que si se vuelve a intentar todo será diferente, que arreglarán los errores e incluso se puede llegar a suplicar a la otra persona que vuelva. En esta fase suele aparecer el chantaje emocional y la impulsividad. Estos intentos de negociación pueden retrasar mucho el proceso de recuperación. Pensamientos típicos de esta fase serían: «Puedo arreglar mis errores», «necesito que lo volvamos a intentar», «no estábamos tan mal».

4. **Depresión:** Aparecen los sentimientos de incapacidad de superar la ruptura, la idealización de la relación creyendo que fue la mejor etapa de su vida, que no encontrará a alguien tan especial ni que le quiera tanto, y se ignoran los momentos malos y lo problemas que existían en la relación. Se llega incluso a culpabilizarse de las dificultades de la relación. Pensamientos como «nadie va a cuidarme tanto» o «nunca conoceré a alguien tan especial» son típicos de esta fase.

5. **Aceptación:** En esta etapa, la persona consigue superar el duelo, tener una visión objetiva de la relación; acepta los motivos que hicieron que no funcionase y empieza a sentirse preparada para seguir avanzando en su vida. La aceptación de la ruptura consiste en aceptar todas las cosas positivas de la relación, descubrir qué

nos aportó, los aprendizajes que obtuvimos de ellos y pasar a distanciarnos emocionalmente. La aceptación nos hace cerrar esa etapa de nuestra vida y nos permite disfrutar de nuestro presente, con lo que empezamos a ver sentido a la vida.

HERRAMIENTAS PARA SUPERAR UNA RUPTURA

26
Aprovecha este **tiempo** para
conocerte mejor

Tras una ruptura, nuestras rutinas, nuestra realidad, nuestro estado emocional se van a ver afectados. Vamos a vivir emociones intensas y nos van a atormentar miles de pensamientos. Como todo duelo necesita un tiempo; necesitaremos permitirnos ese espacio de dolor. Siendo consciente de eso, tu trabajo consiste en tratar de aceptarlo y avanzar.

Utiliza este tiempo para conocerte más, para identificar y comprender tus emociones. Vas a sentir rabia, enfado, frustración, tristeza, culpa, miedo o preocupación. Aprende a reconocerlas y comprender cómo funcionas a nivel emocional. Utiliza un diario para expresar tus emociones, escribe todo lo que sientes tantas veces como sea necesario para desaho-garte.

Aprovecha este tiempo para ofrecerte un espacio en el que sanar, descubrir qué es lo que necesitas, pensar qué quieres mejorar y descubrir actividades que te ayuden a disfrutar. Escúchate, crece, sana.

27
Escribe una **lista** con todo lo que
no te gustó de la relación

Cuando nos encontramos en esa «fase de abstinencia», nuestra mente tiende a recordar únicamente las cosas buenas de la relación e incluso a idealizar a la persona. Es importante ser consciente de que en una relación siempre va a haber cosas malas y buenas, pero, si rompemos, rompemos con todo; no podemos pretender mantener las cosas buenas (como seguir quedando para hacer una actividad que nos gustaba realizar juntos) e ignorar las malas. Cuando decidimos romper es sano saber que con esa ruptura se va todo: lo bueno y lo malo.

Es útil conocer las malas jugadas que nos puede generar nuestra mente. Para ello, te animo a tomar conciencia de que esa relación no era buena para ti, escribe todas las cosas malas que ocurrieron, momentos que te hicieron sufrir mucho, motivos por los que crees que esa relación no era sana o adecuada para ti.

Cuando tengas la gran tentación de hablar o ver a esa persona, lee esa hoja y recuerda por qué esa ruptura era buena para ti y por qué no necesitas a esa persona en ese momento. Comprobarás que has avanzado mucho durante el tiempo en que no has sabido nada de él o ella y volver a contactar sería dar pasos atrás.

28
Aplica el **contacto** cero

En numerosas ocasiones decimos: «Es que yo, después de tanto tiempo juntos, le quiero como persona, es importante para mí y no quiero perder el contacto». Cuando hay un consenso de que la relación no funcionaba y una consciencia de que no se va a volver, este contacto sí es posible. Pero, cuando la ruptura es dolorosa y sentimos un vacío enorme al no tener a esa persona cerca, la mejor opción para sanar es aplicar el «contacto cero». Cada persona de la pareja debe pasar por todas las etapas del duelo y cuando ya se haya aceptado la ruptura, tengamos el control de nuestra vida y realmente vivamos con ilusión sin esa persona será el momento de tratar de tener esa relación de amistad.

Se trata de cortar totalmente el vínculo, la comunicación y todo lo que nos pueda recordar a esa persona. Esta técnica nos permite tomar distancia, nos evita entrar en dinámicas tóxicas, nos ayuda a aclararnos mentalmente, a descubrir qué queremos y qué rumbo queremos tomar a partir de ahora y favorece que sanemos las posibles heridas que tengamos.

1. **Elimina cualquier tipo de comunicación:** Pídele a esa persona que no te escriba; explícale que te hace daño y quieres tomarte un tiempo para ti, pese a que pueden entrarte ganas de saber cómo está o sientas la necesidad de hablar con él o ella, trata de continuar sin contacto.

2. **Pídele a tu círculo cercano que no hablen de él:** Explica a tus seres queridos en qué momento estás y pide que no hablen de tu expareja delante de ti ni te pregunten por él o ella.

3. **Deja de stalkearle:** Es normal que quieras saber qué hace, pero en ocasiones nos obsesionamos con revisar las redes sociales. Opta por silenciar a esa persona para no ver qué hace ni con quién está.

4. **Evita los sitios en los que creas que podéis coincidir:** Es posible que haya lugares a los que sabes que puede asistir; no entres en el juego de ir a los sitios en los que sabes que posiblemente os encontraréis; evítalos todos.

5. **Guarda y aleja de tu vista todos los recuerdos:** Recopila todas las fotos que teníais juntos, los regalos, las cartas... y guárdalos en una caja fuera de tu vista.

29
Escríbele una **carta** que
nunca recibirá

En muchas ocasiones sentimos que nos quedaron cosas por decir, por explicar y necesitamos desahogarnos y expresarnos para cerrar el ciclo. Pero, a veces, ni siquiera es posible hablarlo con esa persona, y tampoco te haría bien. Por ello, te invito a escribir en un papel una carta de adiós a esa persona. Después, rómpela, quémala o entiérrala.

LA CARTA PARA DECIRTE ADIÓS, PARA SOLTAR Y PODER CERRAR ESTE CICLO ✉

1. Encuentra un lugar en el que sientas la comodidad de expresarte
2. Siéntate e imagina que tu expareja está a tu lado
3. Empieza a escribir, escribe todo lo que pase por tu mente, lo que te gustó, lo que no, lo que te hizo daño... Es momento de desahogarte y transmitirle todo lo que te quedaste con ganas de decir
4. Busca qué agradecerle, explícale todo lo que te hizo aprender tanto él/ella como la relación
5. Cuéntale lo que no le dijiste y querías, pídele perdón si así lo sientes, explícale cosas que no pudiste explicar
6. Respóndete las preguntas que tenías
7. Explícale cómo va a ser tu vida a partir de ahora, cuáles son tus objetivos y proyectos y qué rumbo vas a tomar en su ausencia
8. Comunícale que esta es tu forma de despedirte y, si puedes, deséale que le vaya bien

nacidramática

Gracias a este ejercicio podrás sentir que te despides de esa persona, te das la oportunidad de decirle y explicarle todo lo que necesitas expresar y sentirás y, por fin, puedes decirle adiós y liberar toda la carga que tenías.

30
Tómate tu **tiempo**
y no te anticipes

Y, por último, no trates de evitar el dolor, no trates de buscar lo que te daba esa persona en otra, no enlaces relaciones sin antes sanar el duelo, porque esto simplemente significa temor a un dolor que tienes que sentir inevitablemente, porque es así, tienes que sentirlo para poder superarlo de forma eficaz.

Es **difícil** volver a empezar
sin esa persona, pero ni es el **fin**
del mundo ni **nadie muere por amor**;
solo necesitas **tiempo** para sanar
y volver a ilusionarte.

APRENDER A
relativizar

Relativizar es aprender a restarle importancia a las cosas que nos suceden, lo cual no es lo mismo que pasar de todo o ser un pasota de la vida. Nada de eso. Se basa en pararnos a pensar lo grave que es ese problema o preocupación y, tras esa reflexión, darle la importancia que merece; no más, ni tampoco menos.

Aprender a relativizar va a darte mucha mucha vida, porque la mayoría de las veces las cosas que nos enfadan son las más tontas. Y por muy tontas que sean, no sabemos darle la importancia que merecen y terminan robándonos la paz y la energía.

Darle mayor significado a las cosas del que tienen es algo muy habitual, y quiero ponerte un ejemplo propio. Yo me considero una persona extrovertida; sin embargo, hablar en público me da bastante vergüenza. Hace un tiempo, tuve una presentación importante, y aunque me salió bastante bien, me olvidé de decir una frase que yo consideraba relevante. Al terminar la exposición empecé a darle vueltas y vueltas, a sentirme mal, por el simple hecho de que se me olvidase una frase de las muchas que dije. Además, la gente no sabía lo que iba a decir, es decir, el resto ni siquiera se dio cuenta del error. Ahora miro atrás y me hace hasta gracia saber el tiempo y el sufrimiento que le dediqué a esa experiencia, pero en el momento no supe darle la importancia que merecía.

Relativizar es dejar de hacer un mundo de un problema que es tan pequeño como una hormiguita, aunque te parezca enorme. Si algo que te importa mucho sale mal, te enfadas, te desmotivas y te frustras. Y no es porque seas culpable, sino porque estás creado biológicamente para reaccionar así cuando las cosas que te resultan importantes salen mal.

La mayor parte de las cosas que nos ocurren que para nosotros son «malas» en realidad no son ni malas ni buenas; somos nosotros los que ponemos esa etiqueta de «mala» o «buena»: ante la misma situación, hay personas que la perciben como «mala» y otras como «buena». Todo depende de la percepción. **La importancia a las cosas se la das tú.**

Quiero darte algunas ideas que quitarán importancia a las cosas «malas» que te suceden y así no te amarguen el resto del día.

HERRAMIENTAS PARA APRENDER A RELATIVIZAR

31
La **regla**
10-10-10
Creada por Suzy Welch

Esta regla es muy útil porque nos hace ver la importancia real de las cosas cuando en el momento podemos no ser capaces de verla.

Imaginemos que estás de camino a coger el autobús para ir al trabajo, o a la universidad, o a cualquier sitio al que tengas que ir. Cuando estás llegando a la parada, ves el autobús a lo lejos y empiezas a correr para no perderlo. Por mucho que corres, cierra las puertas antes de que te dé tiempo a subir y se te va delante de tus narices. Nos ha pasado a todos, pero no siempre actuamos igual ante una situación así. Esta experiencia a las ocho de la mañana nos puede generar enfado, culpa o estrés y a lo mejor nos provoca un mosqueo para todo el día. En estas situaciones te recomiendo utilizar la regla del 10-10-10 y preguntarte: **¿Cómo de importante será lo que me acaba de ocurrir...?**

... en **10 minutos**?

Puede que llegues tarde a trabajar y te echen la bronca. Puede que llegues tarde a clase y te pierdas una explicación que te interesaba. Puede que llegues tarde a una quedada con amigos y que ellos también lleguen tarde.

... en **10 días**?

Seguramente ni recuerdes este hecho, y si lo recuerdas, será con humor e incluso te rías de lo sucedido aquel día. Y si vas a reírte en 10 días, ¿crees que merece la pena que hoy te arruine el día entero?

... en **10 meses**?

Pues ni te acordarás, a no ser que ocurriera algo dentro de ese autobús, o en la parada o en ese momento, pero el hecho de perder el bus, seguramente ya ni estará en tu memoria.

32
A veces lo malo, **con el tiempo**,
se vuelve bueno

Aunque creas que no hay otras formas de interpretar lo que es malo, a veces ni siquiera sabemos si eso es malo realmente. En ocasiones, el tiempo hace que lo malo acabe siendo bueno.

Una de mis amigas más cercanas soñaba con hacer un máster cuando acabase el grado. Ella sabía que necesitaba una alta calificación final para conseguir una de las veinticinco plazas y, por ello, se estuvo esforzando al máximo durante todo el grado. Solicitó la plaza en el deseado máster con muchísima ilusión y ganas, pero cuando salió la lista de admitidos... su nombre no estaba.

Fue un palo enorme y durante los siguientes meses pasó por una mala época, llena de dudas, culpabilidad y agobio. Estaba convencida de que no existía un máster mejor... Y, como era de esperar, apareció la incertidumbre. «¿Qué hago ahora con mi vida si no me han seleccionado en el máster de mis sueños?». Estuvo mirando otras opciones y, finalmente, presentó su solicitud a otros másteres. La aceptaron en el que creía que menos iba a gustarle y que iba a ofrecerle unas peores oportunidades en el futuro. En resumen: tenía las expectativas muy bajas.

Cuando llevaba un tiempo en el máster, le pregunté qué tal le iba, y me dijo cosas como: «Es lo mejor que podría haberme pasado, me ofrece oportunidades laborales que otros no me habrían ofrecido, tengo muy buena relación con mis compañeros...».

¿Conclusión? **Van a pasarte muchas cosas, buenas y malas. Muchas de las malas no van a ser buenas en ningún caso, pero otras no lo sabes.** Con el tiempo y la experiencia todo se ve desde otra perspectiva y hay que estar abiertos a esa posibilidad para poder relativizar lo que nos sucede. Porque ni se acaba el mundo, ni se acaban las oportunidades, ni hay solo una opción.

Ahora piensa en una situación que en un primer momento te pareció negativa y te amargó, y, sin embargo, luego se convirtió en algo bueno para ti. ¿Eres capaz de apreciarlo? ¿Hay algo malo que te esté ocurriendo en este momento que pueda llegar a tener consecuencias positivas?

33
Toda situación **puede ser**
peor de lo que es ahora

Cualquier situación mala que te ocurra podría ser peor. A veces nos enfadamos o preocupamos mucho ante una experiencia desagradable, pero no somos conscientes de que podría ser peor y no lo es. Puede que parezca utópico; sin embargo, esta idea te ayudará a sufrir menos y, en consecuencia, a no perder la paz interior.

Volviendo al ejemplo anterior, cuando a mi amiga la rechaza-

ron en el máster, podría haber sido peor. Podrían haberse acabado los plazos de solicitud de todos los másteres y haberse quedado sin estudiar ese año, ¿no? Pero normalmente nos cuesta
ver ese lado positivo ante este sentimiento de frustración y puede ser muy útil pensar en esto para aprender a relativizar.

Imagina un momento en el que ocurrió algo que te deses-
tabilizó. ¿Crees que la situación habría podido ir a peor? ¿Qué
hubiera ocurrido si hubiera empeorado? ¿El problema inicial hubiera seguido siendo igual de importante? ¿O crees que este
se habría hecho más pequeño y perdido relevancia? Si ha ocurrido esto, ¿no crees que no era tan importante?

34
Imagina que le ocurre
a otra persona

A veces, no somos objetivos ante nuestros problemas y necesitamos verlos desde fuera para poder saber cuánto de importantes son. Imagina que eso que te ha ocurrido te lo con-
tase un amigo muy preocupado. ¿Qué consejo le darías a esa
persona?

¿El problema es realmente importante? ¿Crees que su nivel
de enfado o preocupación está en concordancia con lo que ha
ocurrido? Ante los problemas de los demás solemos ser mucho más objetivos, ya que nos desvinculamos de esa parte
emocional de la preocupación. Lo mismo que pensarías res-

pecto a ese problema en tu amigo y lo que le dirías, lo puedes aplicar pensando en ti.

35
Considerar para qué
sirve **darle más importancia** a
aquello que nos sucede

Te van a pasar cosas que te enfaden, como:

- Romper un plato cuando tienes prisa.
- Olvidar en casa el pintalabios que querías ponerte.
- Perder un pendiente.
- Que tus medias se rompan en una noche importante.
- No encontrar las llaves cuando tienes que irte de casa.

Situaciones como estas nos ponen muy nerviosos en el momento, pero tú decides como tomártelas. Y, sí, tienes dos caminos:

A. Pensar en bucle: «¿Por qué me pasa a mí?», «qué injusta es mi vida», «he empezado mal el día y ya no va a salir nada bien».

B. Aprender a relativizar y darle la justa importancia que merece.

¿Qué ganas si eliges el camino A, que te resta salud mental, te crea malestar y hace aumentar tu culpabilidad?

Cuando entres en el bucle negativo, te recomiendo pararte a pensar... ¿Esto que me está ocurriendo es suficientemente importante? ¿Merece esta situación semejante gasto de energía y tiempo? ¿En qué me favorece tener esta actitud?

Aprender a **relativizar** no es algo que se aprenda de la noche a la mañana, necesita un **proceso** y **muchas ganas** de cambiar. Es un trabajo que tienes que hacer **tú**, y que va a ayudarte a ver la vida con una **perspectiva** diferente.

En resumen, vas a dejar de amargarte la vida.

CONECTAR CONTIGO
mismo

Para empezar este capítulo, quiero lanzarte unas preguntas:

¿Como te definirías? ¿Qué concepto tienes sobre ti? ¿Quién eres?

Estas preguntas, que a simple vista nos pueden parecer muy sencillas y hasta tontas, pueden ser realmente complicadas de responder. Y es porque es posible que muchos de nosotros no nos conozcamos tanto como creemos, ya que conocernos es un proceso largo y costoso.

Vivimos en un mundo muy rápido, en el cual siempre estamos activos, trabajando, estudiando, con gente... Pasamos muy poco tiempo solos, y esto tiene sus consecuencias: nos aleja de nosotros, nos aleja del autoconocimiento y de la autorreflexión.

En el colegio, dedicamos muchas horas a aprender cosas de nuestro entorno, sobre plantas, animales o la Tierra, aprendemos procedimientos matemáticos y sintaxis en lengua... Pero apenas aprendemos nada de nuestro mundo interior ni de las posibles emociones que podemos sentir y, menos aún, qué hacer cuando las sentimos.

El autoconocimiento es el esfuerzo que hacemos por saber qué es lo que sentimos, qué significado tiene, cuáles son nuestros deseos, cuáles son las razones que nos impulsan a actuar, los pensamientos que tenemos, qué acontecimientos nos han marcado, los valores que aceptamos y defendemos y, en resumen, **descubrir quiénes somos de forma honesta.**

Tener un buen autoconocimiento puede ayudarnos a:

- Mejorar nuestra inteligencia emocional.
- Conocer y regular nuestras emociones y las de otros.
- Mejorar la relación que tenemos con el resto.
- Tener un mejor plan para conseguir los objetivos que deseamos.
- Descubrir cuáles son nuestras necesidades.
- Tomar decisiones en etapas de incertidumbre.

Por otro lado, **el autoconocimiento es la base de nuestra autoestima:** necesitamos conocernos para poder definir el concepto que tenemos de nuestra propia valía.

Todos necesitamos conocernos más, pero te aconsejo que lo priorices si:

- Tienes dudas sobre cuáles son las cosas que disfrutas haciendo.
- Consideras que tienes dificultad para controlar y comprender las emociones que sientes.
- No sabes qué rumbo deseas seguir en tu vida.
- Te cuesta describirte más allá de tus roles o características superficiales.

¿Qué sucede si no trabajo en mi autoconocimiento? **Cuando no nos conocemos bien, aparece en nosotros una sensación muy incómoda de vacío, nos lleva a vivir y a tomar decisiones por inercia...** Y el resultado de todo ello es que podemos llegar a tratar de llenar este vacío con lo que sea: relaciones tóxicas, consumo de sustancias, exceso de trabajo, comida, uso excesivo de las redes sociales... Tratamos de tapar este hueco con tal de no soportar el malestar que nos produce; cuando el camino que deberíamos seguir es tratar de conectar con nosotros e intentar llenar este vacío con otras cosas, lo que hacemos es alejarnos aún más de nosotros.

Muchas veces buscamos las respuestas fuera y no dentro... Hay momentos en la vida en los que puedes sentirte perdido, te puede costar tomar decisiones o actuar. Cuando esto ocurre, tendemos a mirar fuera de nosotros, a buscar las respuestas que necesitamos en nuestro entorno. **Aquello que buscas está en ti y mirar fuera nunca es la solución.** Se trata de hacer introspección. Para crecer y construir tu felicidad debes conocerte a ti.

Descubrir quiénes somos es un proceso largo, al cual se le debe dedicar tiempo y no siempre será agradable. Durante este proceso iremos viendo que hay aspectos que forman parte de nosotros que pueden no gustarnos, avergonzarnos e incluso asustarnos. Es posible que aparezcan ideas que sentimos que no concuerdan y difieren con la imagen que tenemos de nosotros mismos, pero todas esas cosas también forman parte de nosotros y, con el tiempo, las iremos aceptando. **No aceptar esas cosas que consideramos negativas de nosotros mismos nos impide mejorarlas.**

HERRAMIENTAS PARA PROFUNDIZAR EN EL AUTOCONOCIMIENTO

36
Crea un **diario** de emociones

El diario de emociones es un tipo de autorregistro. Plasma en él tus pensamientos, deseos, conductas, pensamientos o situaciones que ocurren en tu día a día para comprender la forma en la que actúas, cuál es el motivo y qué te gustaría cambiar. Este diario te irá brindando patrones mediante los cuales puedes ir descubriendo cuál es el origen de esas emociones y sentimientos, y cómo puedes afrontarlos.

Para crear tu diario de emociones, escribe estas cuatro palabras en columnas:

Situación
Llegué tarde al trabajo.

Pensamiento
«Soy un desastre siempre me levanto tarde».

Emoción
Enfado, decepción, ansiedad, temor.

Conducta
Hablé mal a mis compañeros y trabajé con frustración.

37
La **rueda**
de vida
Técnica creada por Paul J. Meyer

La rueda de la vida es una técnica para autoanalizar las diferentes áreas que forman parte de nuestra vida. Se utiliza con el objetivo de aumentar la consciencia que tenemos sobre cómo nos encontramos actualmente y descubrir en qué áreas nos sentimos menos satisfechos con nosotros mismos con el fin de mejorar.

Dibuja un círculo y divídelo en diferentes porciones, las cuales representan diferentes áreas. Suelen analizarse 8 áreas: desarrollo personal, familia, salud, amistad, trabajo/estudios, dinero, amor y ocio, pero puedes añadir aquellas que consideras importantes o eliminar las que no te interese analizar.

Puntúa cada área del 1 al 10. Colorea en función de esa puntuación y une las áreas con puntos.

Cuando tengas hecha tu rueda de la vida actual, haz tu rueda de la vida deseada para descubrir cuánto tienes que mejorar en cada área para aumentar tu bienestar. Une con puntos las diferentes puntuaciones.

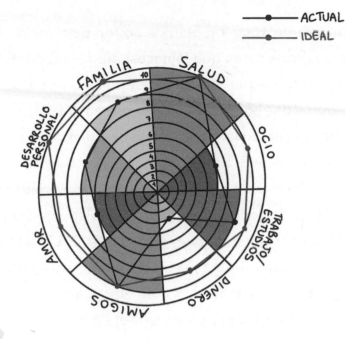

nacídramática

¿Todas las áreas tienen una puntuación similar o las puntuaciones son muy dispares? ¿Con qué áreas sientes más satisfacción y con cuáles menos? Cuando hayas identificado las esferas en las que sientes menos satisfacción, te recomiendo hacerte estas preguntas para cada una de ellas: ¿Por qué he puntuado bajo esta área? ¿Qué necesitaría en mi vida para mejorarla? ¿Estoy siendo muy exigente con esta puntuación? ¿Cuánto de importante es para mí mejorar en esta área de mi vida? Si realmente consideras que para ti es importante mejorar en esta área, es momento de pensar cómo lo vas a hacer. Cuando sepas que quieres mejorar en algunas áreas, decide por cuáles vas a empezar.

Finalmente, traza un plan de acción para mejorar en esas áreas que consideras que lo necesitan. ¿De qué forma he actuado y estoy actuando en esta área? ¿Qué cosas de otras áreas que sí que son satisfactorias hoy en día podría implantar en las insatisfactorias? ¿Cuáles son los objetivos a corto plazo? ¿Cómo voy a planificarme?

Haz una revisión cada semana del cumplimiento o no de tu plan y ve haciendo ajustes de los objetivos. Este ejercicio te será útil para observar de forma gráfica y visual las esferas que conforman tu vida y su estado actual, y te ayudará a aclararte para tomar decisiones más efectivas, estimulándote a la acción, motivándote y ayudándote a definir cuál es la dirección que quieres seguir para lograr los objetivos deseados.

38
Haz la **línea**
de tu vida

Dibuja una línea horizontal que simulará tu vida. Justo en el medio haz un punto o una raya que representará el momento actual en el que te encuentras, el presente. A la izquierda de ese punto indica los momentos que te hayan marcado en tu vida, los eventos más importantes (pérdidas de personas cercanas, comienzo de una carrera universitaria, cambio de ciudad, enfermedades, inicio de un trabajo, día de tu boda, nacimiento de un hijo, etc.). En la derecha del punto marcado anteriormente, empieza a escribir en la línea qué es lo que deseas en el futuro, señala los objetivos cercanos y lejanos. Cuantas más cosas señales y más tiempo dediques a hacerlo, mejor será el resultado.

Este ejercicio te servirá para ver tu vida de forma gráfica, para comprender todo lo que te ha ocurrido e ir aceptándolo, y para reflexionar sobre el impacto que han tenido en ti cada uno de los acontecimientos. Además, te ayudará a tomar mejores decisiones para conseguir los objetivos propuestos.

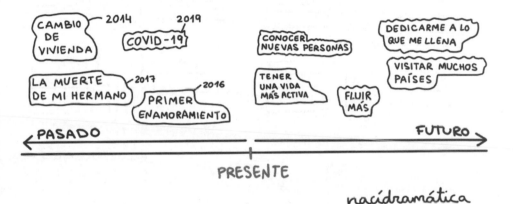

39
Describe a tu «yo actual» y a tu
«yo futuro» en 10 años

Piensa en qué características te definen ahora. Rellena los cuadrados con habilidades, virtudes, cualidades, defectos, debilidades, etc. Por ejemplo: atenta, perezosa, divertida, leal, impaciente...

Después, imagina a tu «yo futuro» dentro de 10 años y sigue los mismos pasos que diste para crear el «yo actual».

¿Qué conclusiones sacas al observar ambos dibujos? ¿Qué diferencias hay entre tu «yo actual» y tu «yo futuro»? ¿Qué puedes hacer en tu día a día para acercarte al yo del futuro que quieres?

nacidramática

40
Empieza a **hacerte** preguntas

Una forma muy útil de conocerse a uno mismo es haciéndose preguntas. Preguntas sobre el ahora, sobre el futuro, sobre la opinión personal, sobre lo que creemos que los demás piensan de nosotros, sobre nuestros objetivos... Responder este tipo de preguntas aumenta el autoconocimiento.

Algunas preguntas por las que puedes empezar:

1. Enumera 3 virtudes que consideras que tienes o 3 cosas que se te dan bien
2. Del 1 al 10, ¿cuánto de feliz estás en este momento? ¿Por qué?
3. Describe un día perfecto para ti
4. ¿Qué cosas te gustan y te motivan?
5. ¿A qué le tienes miedo?
6. ¿Cuál es la parte de tu cuerpo que más te gusta? ¿Y la que menos?
7. ¿Cuáles son las cosas que crees que le gustan al resto de ti? ¿Y las que menos?
8. ¿Cuáles son las tres personas más importantes de tu vida? ¿Cómo te sientes con ellas?
9. ¿Cuáles son tus metas a corto plazo? ¿Y a largo plazo?
10. ¿Qué cosas no soportas?
11. ¿De qué cosas te avergüenzas?
12. ¿Cómo te gustaría que te recordasen?
13. ¿Te arrepientes de algo de lo que has hecho?
14. ¿Qué cosas te cuesta admitir?

15. ¿Qué emociones te gusta sentir? ¿Qué emociones no te gusta sentir?
16. ¿Qué esperas del futuro? ¿Cómo lo imaginas?
17. ¿Hay algo que te da envidia del resto?
18. ¿Qué es lo que nunca te cansas de hacer?
19. ¿A qué te dedicarías si tuvieras dinero infinito?
20. Si pudieras pedir tres deseos, ¿cuáles serían?

Te ha costado años **conocer** a las **personas** de tu entorno; **conocerte a ti también te los llevará.**

DISMINUIR EL USO DEL
teléfono móvil

El móvil y las redes sociales nos aportan muchísimas cosas positivas; si el uso es moderado, son unas herramientas útiles, de las cuales podemos extraer muchos beneficios; el problema aparece cuando hacemos un uso excesivo. Al igual que un cuchillo es un utensilio que es útil para comer, también se puede hacer un mal uso de él, dañando a otras personas. Todo depende del uso que le damos a las herramientas que nos acompañan en nuestro día a día.

En los últimos años el móvil se ha vuelto una parte más de nuestro cuerpo; lo utilizamos justo al levantarnos, en el transporte público, cuando vamos andando por la calle, en un restaurante con amigos y hasta durante nuestra actividad profesional.

Las aplicaciones están programadas de una forma muy sofisticada, cuyo principal objetivo es captar nuestra atención y les interesa que las utilicemos el máximo tiempo posible, ya que cuanto más tiempo dediquemos al día, más anuncios podrán enseñarnos y más dinero ganarán. Con esa finalidad los algoritmos de estas aplicaciones analizan qué tipo de contenido nos hace pasar más tiempo en ellas y nos interesa más, para después mostrarlo y que aumente nuestro tiempo de uso.

Ha llegado un momento en el que utilizamos el móvil para todo, menos para llamar, que es para lo que originariamente se inventó. Se ha demostrado que hacer un uso excesivo de nuestro teléfono móvil puede provocarnos diversos problemas, entre otros: disminuye nuestra capacidad de concentración, puede producir una limitación de interacciones sociales y, en consecuencia, una reducción de las habilidades sociales.

Por otro lado, puede provocarnos problemas de ansiedad o autoestima al preguntarnos constantemente: «¿Me habrá hablado alguien?» o «¿Tendré suficientes *likes*?».

Se ha observado también un aumento de la irritabilidad ante la dificultad de utilizarlo o un incremento en los problemas de sueño porque su uso en las horas previas a irnos a dormir produce una inhibición de la secreción de melatonina y, por tanto, dificultad para conciliar el sueño.

Además, el móvil se está volviendo una fuente de distracción en todos los momentos del día, porque siempre lo llevamos con nosotros.

Muchos de nosotros sentimos que «no tenemos tiempo para nada» y, sin embargo, invertimos tres o cuatro horas diarias en el móvil. **El problema aparece cuando dejamos de hacer otras actividades porque dedicamos ese tiempo al dispositivo.**

Es posible que el uso que estás haciendo de tu teléfono sea inadecuado si sientes que te quita tiempo para disfrutar de tu círculo de amigos o familiares y que degrada tus relaciones personales.

Es posible que tengas la sensación de que lo utilizas demasiado y sientas que te quita mucho tiempo y calidad de vida, pero... ¿cómo saber si estás haciendo un uso excesivo?

Indicadores de que estás haciendo un uso excesivo del móvil:

1. **Piensa en la última quedada con amigos o familiares.** ¿Usaste el móvil? ¿Fue para algo importante? ¿Qué hubiera pasado si no lo hubieras utilizado? ¿Te hizo desconectar de la conversación que teníais?

2. **Recuerda la última vez que fuiste a un sitio especial o quedaste con personas especiales.** ¿Tuviste la tentación de hacer fotos? ¿Sentías que no podías irte de allí sin publicar fotos del lugar o momento en tus redes? ¿Hiciste las fotos y justo después estuviste un rato viéndolas o editándolas para elegir cual publicar?

3. **Recuerda un concierto de uno de tus artistas favoritos al que fuiste.** ¿Hiciste muchas fotos y grabas-

te muchos vídeos? ¿Tenías la sensación de que tenías que grabar las canciones que más te gustaban? ¿Te preocupaba que el vídeo no saliese como a ti te gustaría? ¿Mirabas el concierto a través de la pantalla de tu móvil para comprobar que se estaba grabando bien?

4. **Imagina que estás fuera y te das cuenta de que te queda un 2 % de batería y no existe la posibilidad de cargarlo.** ¿Sentirías ansiedad por saber que se te apagará? ¿Te pone de los nervios saber que no podrás mirar tu móvil hasta que llegues a casa?

5. **Piensa en alguna vez que hayas empezado a ver una película y que te gustara.** ¿Utilizabas tu teléfono a la vez que veías la película? ¿En ocasiones perdiste el hilo de la historia porque te distraías mirando la pantalla?

6. **Piensa en tu día a día, y piensa en las veces que coges el móvil.** ¿Cuántas veces es con la intención de hacer algo? ¿Es posible que en ocasiones lo cojas de forma automática sin un objetivo claro? ¿Piensas que pierdes la noción del tiempo cuando entras en redes sociales como Instagram o TikTok y empiezas a ver contenido que realmente tampoco te interesa?

7. **Cuando estás trabajando, estudiando, con amigos, haciendo deporte o cualquier otra actividad en la que no puedes utilizar el móvil...** ¿No paras de pensar en si alguien te habrá escrito, te habrá llegado un correo o cualquier otra notificación?

HERRAMIENTAS PARA CONTROLAR EL USO DEL MÓVIL

Estas herramientas se recomiendan para reducir el uso excesivo que damos al móvil. Si tu fuente de trabajo es el móvil y lo utilizas para llevar a cabo tus obligaciones, estas técnicas no van dirigidas a esto, sino al tiempo en que que lo utilizas como fuente de ocio o pasatiempo.

41
Toma conciencia del uso que haces de tu teléfono móvil

Para empezar a tomar conciencia de esto, te invito a analizar el uso que le das a este dispositivo, empezando por comprobar **el tiempo** que pasas utilizándolo cada día. Nuestro propio dispositivo nos informa la cantidad de horas que pasamos con la pantalla encendida, pero antes de mirarlo te lanzo esta pregunta: ¿Cuánto tiempo crees que lo utilizas cada día?

Piensa cuántas horas crees que pueden ser y después compruébalo. De esta forma podrás saber si estás subestimando el tiempo que le dedicas y puede que te sorprenda la cifra, porque en ocasiones no somos conscientes de la cantidad de tiempo que nos roba.

Tras saber cuánto tiempo dedicas de promedio a utilizar el móvil al día, ponte una meta. ¿Cuánto tiempo quieres dedicar al día a su uso? Proponte un número y trata de cumplirlo. Una forma muy útil es decidir cuánto tiempo queremos dedicar a cada aplicación como máximo al día y habilitar la opción de que se nos notifique cuando hemos llegado a esa cantidad de minutos o horas.

Por otro lado, es conveniente que reflexiones sobre los **momentos y situaciones** en los que usas el móvil. ¿En qué situaciones y momentos que actualmente utilizas tu teléfono y sientes que interfiere te gustaría no utilizarlo? Se trata de establecer prioridades, y comprender que cuando utilizamos el móvil estamos priorizando esa actividad. Por ejemplo: «No quiero utilizar el móvil antes de dormir porque me quitará horas de sueño y para mí es importante dormir las horas suficientes» o «En las comidas familiares no tendré el móvil cerca, ya que veo poco a mi familia y quiero disfrutar completamente de ellos».

42
Piensa en la **intención** que tienes cada vez que coges tu teléfono

Si quieres disminuir el tiempo que utilizas tu dispositivo, esta técnica te resultará muy útil. Es habitual desbloquear el teléfono como pasatiempo, sin ninguna finalidad real, solo con el fin de «ver algo» que nos haga sentir que «estamos haciendo algo».

Por tanto, antes de desbloquear tu móvil, trata de pensar cuál es el objetivo. Por ejemplo: «Voy a utilizarlo para mirar si se ha enviado el paquete de ropa que pedí». De esta forma, evitaremos entrar en el «circuito de móvil» que hacemos de forma habitual cada vez que lo desbloqueamos. El «circuito de móvil» es, como la palabra indica, el circuito que hacemos cada vez que lo desbloqueamos, mediante el cual pasamos por diferentes aplicaciones y siempre suele ser el mismo. Un ejemplo de «circuito de móvil» es empezar mirando el correo, después entrar a Instagram para comprobar la actividad de otras personas, pasar a mirar el WhatsApp para verificar que no tengamos mensajes sin leer... Un circuito que repetimos con frecuencia y que nos hace perder mucho tiempo. Esta técnica también te hará ver cuál es tu circuito típico en el móvil.

CIRCUITO DE MÓVIL

43
Comprende que tu **teléfono móvil** no debe ser tu fuente de ocio

Algunas personas dedican gran parte de su tiempo libre a utilizar el móvil como fuente de entretenimiento. Por ejemplo, quien dedica horas a mirar vídeos de TikTok, porque le divierte y le resulta agradable. Lo que ocurre con esto es que el tiempo que dedicamos al móvil se lo quitamos a otras cosas como, por ejemplo, hacer actividades al aire libre, visitar a nuestros abuelos, leer, practicar deporte... De forma que nuestro abanico de actividades en las que nos sentimos implicados disminuye. Una manera de controlar esto sería pensar en nuevas actividades que puedan ser placenteras en las que no se incluya el móvil y proponerlas en nuestro *planning* semanal. La tarea consiste en organizar nuestro tiempo libre para que nos ofrezca momentos de estimulación fuera del móvil. Para llevarla a cabo, elaboraremos un cuadro y reflexionaremos sobre nuevas actividades que nos gustaría realizar en las que el móvil no esté implicado, decidir en qué momentos aproximados vamos a hacerlas y tratar de escoger tareas que nos gusten y nos ofrezcan nuevos aprendizaje y habilidades.

Para descubrir actividades que puedas añadir en tu estilo de vida, piensa en un día que te guste, que sea agradable (compuesto por cosas realistas) y ve pensando lo que va ocurriendo. Este ejercicio te ayudará a descubrir qué cosas te gustan y te hacen sentir bien. Cuando ya las tengas claras, ve incluyéndolas en el día a día para disfrutar más de tu vida real mediante el cuadro que te he explicado.

Ejemplo...

Actividades que me gustaría hacer en mi tiempo libre	Practicar un nuevo deporte.	Empezar a dibujar.	Aprender a hacer nuevos peinados.	Empezar a leer.
En qué momento voy a llevarlas a cabo	Dos días a la semana durante una hora.	Cuando termine de cenar hasta la hora de dormir.	En algún momento del fin de semana, que es cuando tengo más tiempo libre.	Después de comer.
Qué cosas nuevas me aportarán	Mejorar mi actividad física.	Aumentar mi creatividad y enfocar mi atención.	Mejorar mis looks y saber hacer más cosas con mi pelo.	Adquirir nuevos conocimientos y mejorar mi concentración.

De esta forma, conseguiremos **separar** nuestro **ocio** del **teléfono móvil**.

44
Pon **barreras** que **disminuyan**
la facilidad de su uso

Cada vez el uso de nuestro dispositivo es más fácil; lo tenemos siempre con nosotros, nunca está apagado y no nos cuesta nada desbloquearlo. Por ello, para reducir su uso una buena opción es poner barreras que reduzcan esa facilidad. Debemos aumentar la consciencia y estas barreras nos hacen ser más conscientes porque la dificultad añadida de uso nos hace pensar. Algunos ejemplos pueden ser:

- Desactiva todas las notificaciones posibles. No es necesario que sepas lo que pasa en cada momento. Por ello, elimina las notificaciones que no aportan nada. La mayor parte de las notificaciones no son cosas urgentes. Además de que no tienes por qué estar siempre para todo el mundo en cuanto te solicitan. Priorízate a ti y a tus actividades.
- Quita el detector de cara o de huella digital que desbloquea de forma rápida el móvil y pon una contraseña larga que no sea la habitual y te haga ejercer un esfuerzo activo para recordarla. Esto provocará que, cuando cojas el móvil de forma automática, te haga pensar dos veces si realmente merece la pena desbloquearlo o simplemente lo estás desbloqueando sin ninguna finalidad. También puedes poner contraseñas para entrar a las aplicaciones que más suelen distraerte.
- Detecta todas las aplicaciones que lo único que hacen es robarte el tiempo y no te aportan nada y elimínalas. Coger el teléfono sin razón y entrar en aplicaciones inútiles es una pérdida de tiempo y de salud.

45
Reflexiona sobre **tus metas**: ¿qué aporta el uso de tu **móvil** para lograrlas?

¿Qué es lo que quiero conseguir? ¿Cómo imagino mi futuro ideal? ¿El móvil va a ayudarme a conseguir mis objetivos? **¿Me ayuda a cumplir mis sueños? ¿Realmente merecen la pena las horas que estoy dedicando cada día a utilizar mi teléfono?** ¿Qué pasaría si dedicara esas horas a otras cosas que disfruto más o me aportan más? ¿Qué podría conseguir utilizando menos mi teléfono móvil?

¡Deja el **móvil** y **coge la vida!**

SUPERAR EL MIEDO AL
qué dirán

¿Sientes que, por miedo al «qué dirán», dejas de dar tu opinión o de hacer aquello que te apetece? ¿Hay algo que tengas ganas de hacer o decir, pero no lo haces por este miedo? ¿Piensas que todo esto te limita? Es posible que el miedo al qué dirán te esté impidiendo hacer lo que deseas.

No debemos olvidar que somos seres sociales y vivimos en comunidad. Por ello, es normal que queramos sentirnos aceptados, valorados y queridos por las personas que nos rodean.

De hecho, Abraham Maslow, psicólogo estadounidense, creador y difusor de la psicología humanista, en su teoría de la autorrealización, señaló la importancia del reconocimiento y la aceptación por parte de otros como factores claves para lograr la autorrealización personal.

Un ejemplo de situación en la que tenemos miedo al qué dirán sería:

> Te encuentras en un grupo de amigos y empiezan a hablar de cuánto les gusta un artista y lo bueno que consideran que es. De repente te preguntan si a ti te gusta. A pesar de que no te gusta en absoluto ni te sabes ninguna canción, dices **«sí, la verdad, es que me encanta»**.

¿Por qué nos importa tanto el qué dirán? La raíz de la preocupación por el qué dirán se basa en la búsqueda de aprobación y miedo al rechazo. Todos, en mayor o menor medida, necesitamos y buscamos la aprobación de los demás. La necesidad de aprobación es natural y adaptativa, nos permite conseguir que otras personas nos acepten y nos permitan pertenecer a sus grupos, lo que aumenta nuestra protección y nos ayuda ante posibles problemas o situaciones en las que necesitemos apoyo.

¿Y de dónde viene la necesidad de aprobación? La necesidad de aprobación se va construyendo. Son numerosos los factores que pueden hacer que aparezca. Por ejemplo, una educación con un gran peso de las normas de la sociedad y el quedar bien con todo el mundo, alguna situación en la que has aprendido que es más fácil ceder, cambiar tu opinión y dar la razón a otros para así no sentir rechazo ni enfrentarte a una posible desaprobación o, por ejemplo, haber sentido que otros no contaban contigo por tener una opinión diferente.

¿Cuándo empieza la necesidad de aprobación a ser un problema? Como siempre, el exceso o la falta es lo que genera un problema. Y lo mismo ocurre con la necesidad de aprobación. No es adaptativo que nos preocupe nada en absoluto lo que piensen los demás (eso les pasa a los psicópatas), pero tampoco lo es que tengamos un miedo intenso a no sentirnos aprobados. En las personas con una alta necesidad de aprobación, se observa una preocupación excesiva ante la evaluación que hacen los otros de ellos. Esta preocupación puede llegar a hacer que ignoremos nuestros deseos, opiniones y necesidades para sentir que encajamos en la sociedad o en un grupo y así no sentirnos rechazados. De esta forma nos vamos creando una «careta» fingiendo ser quien consideramos que será «más aceptado» con el fin de alcanzar y cumplir las expectativas de los demás.

Algunos indicadores de que tienes una excesiva necesidad de aprobación:

- Siempre te muestras de acuerdo y no propones otras opiniones.
- No sueles decir «no».
- Intentas agradar siempre al resto.

- Te afecta mucho la opinión de los demás.
- Cuando recibes halagos o felicitaciones (aunque sea ante una cosa muy simple) te muestras eufórico; en cambio, cuando recibes una crítica (aunque esta sea constructiva o muy leve) te desanimas y muestras desesperanza.
- Temes la crítica.
- Te preocupas mucho por tu aspecto, ya que consideras que la imagen es clave para que te acepten.

Depender de la opinión de otros es darles las riendas de nuestra vida. Si cuando alguien aprueba nuestras palabras o actos, nos sentimos contentos y eufóricos y, en cambio, cuando expresan desacuerdo con nuestras palabras o actos, nuestro estado de ánimo cae en picado, estamos permitiendo que otros tengan en sus manos el poder de alterar nuestro bienestar.

Cuando dejamos de hacer o decir lo que queremos, perdemos nuestra esencia, originalidad y espontaneidad, nos vamos alejando de nosotros mismos.

Si no hacemos algo para cambiar esto, cada vez tendremos más miedo a la opinión del resto, y esto nos irá limitando poco a poco.

Puede llegar a afectar a la seguridad que tenemos en nosotros mismos y a nuestra autoestima. Además, intentar gustar a todos nos lleva directamente a la insatisfacción. Tratando de agradar al resto, nos olvidamos de lo que en realidad importa: agradarnos a nosotros mismos.

Al final, lo que duele no son los comentarios, sino la interpretación que les das; son tus pensamientos los que te generan el dolor.

HERRAMIENTAS PARA REDUCIR LA IMPORTANCIA DE LA OPINIÓN DE LOS DEMÁS

Las críticas, las valoraciones y las opiniones van a estar ahí. Lo que diga el resto está fuera de nuestro control. No podemos elegir lo que los demás nos dicen, pero lo que sí podemos elegir es cómo reaccionamos ante esos comentarios.

Además, hay que tener en cuenta que la opinión de otros va a construirse con base en sus creencias y su realidad, no respecto a las nuestras.

46
¿Sobre qué aspectos te **da miedo** la opinión de los demás?

A veces desarrollamos una vigilancia excesiva y específica hacia algo concreto como resultado de situaciones que hemos vivido en el pasado. Por ejemplo, si de pequeños hemos recibido burlas respecto a nuestro pelo, es posible que en el presente tengamos un mayor miedo al «qué dirán» de nuestro pelo.

¿Cuáles son los comentarios que pueden dolerte más según tus creencias? ¿Por qué es así?

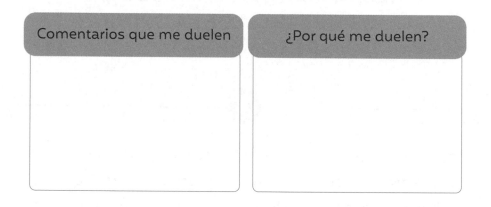

Comentarios que me duelen	¿Por qué me duelen?

Identificar los aspectos a los que eres más sensible es el primer paso para que te afecten menos, porque sabrás de dónde vienen.

47
Piensa en qué es **lo peor**
que puede ocurrir

Cada vez que tengas miedo de hacer o decir algo por culpa de la opinión de los demás, piensa que es lo peor que podría ocurrir.

Por ejemplo: «Quiero abrirme un canal de YouTube, pero

me da vergüenza por lo que puedan pensar los demás». ¿Qué sería lo peor que podría ocurrir? ¿Me importaría tanto lo que pensasen de mí si eso ocurriera? Por ejemplo, «que el proyecto no sea tan exitoso como me gustaría». Puedes empezar anticipando cuáles son las cosas que podrán decirte los demás ante tus actos o comentarios para ir restándoles peso y que no te sorprendan si te los dicen.

48
¿Qué harías si tu fueras el **espectador** de lo que quieres hacer o decir tú?

Imagina que eso de lo que tú tienes miedo por lo que puedan decir o pensar los demás lo hiciese otra persona. Imagina que alguien que conoces te dijese: «Quiero abrirme un canal de YouTube». ¿Cómo reaccionarías tú? ¿Qué pensarías? ¿Te burlarías? ¿Le criticarías? Seguramente no, aunque te parezca una tontería lo que dice o hace esa persona.

A veces anticipamos que todos van a reírse, pero es probable que haya mucha gente que pueda apoyar lo que decimos o hacemos. Los demás no suelen estar ahí para hacernos sentir mal. Además, cuando otras personas muestran sus ideas de forma segura, transmiten su confianza y el respeto por sí mismas y por sus valores. Por tanto, será más fácil que los demás las valoren, ya que es lo que ellas transmiten de sí mismas. Mira tus miedos desde fuera para aumentar la objetividad.

Por otro lado, los demás no están pendientes de qué hacemos o decimos para evaluarnos. Reflexiona sobre la sobrevaloración de la imagen que transmites, ya que, por lo general, no hay un foco en ti.

49
Haz una **lista** de
pros y contras

Cuando sientas que no quieres hacer o decir algo por miedo al qué dirán, haz una lista de los pros y los contras de hacerlo o decirlo. Por ejemplo: «Quiero dejar la carrera de Medicina y empezar Magisterio».

PROS				
	«Dedicaré tiempo a estudiar lo que me gusta».	«Disfrutaré estudiando porque me encanta la carrera».	«Iré adquiriendo conocimientos respecto a la que sería mi profesión soñada».	«Sentiré que por fin tomo las decisiones que quiero».

CONTRAS				
	«Mis padres me dirán que no soy capaz de terminar lo que empiezo».	«Dejaré de pasar tiempo con mis amigos de la universidad».	«Mi familia se sentirá decepcionada porque querían que estudiara Medicina».	«Todo el esfuerzo realizado y dinero invertido en estudiar Medicina caerá en saco roto».

Mira ambas columnas y piensa realmente en tl. ¿Crees que fijarte en los contras merece la pena? ¿Pueden cambiar tu camino y lo que quieres? ¿Cumplirás tus sueños si miras esta columna?

Si sigues haciendo lo que otros quieren, estás eligiendo y renunciando a lo que deseas tú.

Antes de tomar una decisión, pregúntate: «Lo que voy a hacer o decir, ¿realmente quiero hacerlo? ¿O lo estoy haciendo para agradar a otras personas? Si es el segundo caso, ¡te será imposible complacer a todo el mundo!

50
Distingue las **críticas constructivas** de las destructivas

Todo lo que pensamos acerca de nuestros actos tiene un filtro, el filtro de nuestra opinión, perspectiva, situación... Las críticas u opiniones no siempre son malas. Cuando alguien comente algo de lo que has hecho, descubre si lo hace de forma constructiva o no. Si lo hacen de forma constructiva, puede ser muy enriquecedor; son críticas hechas con buena intención, que pueden ayudarte a crecer y abrir tu mente. Tener presentes ese tipo de críticas u opiniones merece la pena. Aprende a no tener miedo al qué dirán, ya que en ocasiones los mensajes que tienen algunas personas para ti pueden ser realmente útiles.

En cambio... Va a haber gente que te dé su opinión o te critique de forma destructiva, y tienes que saber reconocerla. Si alguien te dice «Nunca te esfuerzas» y tú sabes que te esfuerzas, probablemente no necesitas tenerlo en cuenta. Cuando nos conocemos y creemos en nosotros mismos, no necesitamos tratar de convencer al resto. Cuando uno está contento consigo mismo, no precisa la aprobación de los demás.

Aquí van algunas preguntas que puedes hacerte para distinguirlas: ¿Qué opino de lo que me han dicho? ¿Me ayuda a crecer? ¿Me potencia? ¿Trata de hacerme daño? ¿Lo ha hecho con maldad? ¿Es coherente con mis valores? ¿Esa opinión puede ayudarme a mejorar? ¿La opinión es constructiva? ¿Lo ha dicho con maldad? ¿Qué opinión tengo respecto de esta opinión? ¿La desecho porque no va conmigo? ¿La acepto para mejorar? ¿Esta crítica es útil ahora? ¿Qué emociones me despierta? ¿Me la tomo como algo personal? ¿Es beneficiosa para mí? ¿Me critica a mí o a mi comportamiento? ¿Es coherente con mis valores? ¿Cómo reacciono ante ella?

Lo que el resto opina **no depende de ti**.
¿Tu vida es tuya o de otros?

CONTROLAR LOS PENSAMIENTOS
intrusivos

Durante nuestro día a día tenemos miles de pensamientos de todo tipo, nuestra mente siempre está creando y pensando; se encuentra en constante actividad. Igual que aparecen pensamientos que nos ayudan en nuestra vida diaria y son útiles o agradables, es habitual que también aparezcan pensamientos desagradables y que pueden generarnos preocupación o angustia; estos son los llamados **pensamientos intrusivos**.

Los pensamientos intrusivos son pensamientos no deseados que de manera automática e involuntaria aparecen en forma de ideas, imágenes, sonidos o declaraciones en nuestra mente. Generalmente son negativos, molestos y suelen estar alejados de nuestros valores o pensamientos.

Todos tenemos pensamientos intrusivos, es normal tenerlos y no podemos prevenirlos. Lo que sucede es que nos generan un alto grado de malestar porque, en ocasiones, nos hacen sentir culpables, nos avergüenzan o nos dan miedo y por eso no solemos hablar de ellos con otras personas.

Algunos ejemplos de pensamientos intrusivos son:

- «¿Realmente quiero a mi pareja?».
- «Cuando he discutido con Diego, debería haberle dicho...».
- «En realidad podría tirarme a las vías del tren y así dejar de sufrir».
- «¿Y si robo esta camiseta para no pagarla?».
- «Con la cantidad de cosas que tengo que hacer no me va a dar tiempo a terminarlo todo hoy».
- «No debería tener la habitación sin recoger».
- «¿Y si me pongo a gritar aquí en medio?».
- «Creo que no he hablado correctamente; lo he hecho fatal».
- «A ver si le ha pasado algo a mi madre».
- «¿Y si mi hija ha elegido una carrera que no le gusta?».
- «Tengo que terminar esa actividad».
- «El tratamiento no va a hacerme efecto».

¿Y qué pasa si tengo este tipo de pensamientos? Al fin y al cabo, los pensamientos son solo pensamientos. **Ningún pensamiento tiene por qué hacerse realidad, o ser algo que tú pienses de verdad. No te definen ni te ponen en peligro.** No son causa-efecto. Por pensar algo no significa que lo vayas a hacer ni va a aumentar la probabilidad de que lo hagas. La mayoría de esos pensamientos están alejados de lo que seríamos capaces de hacer y, también, de nuestros valores.

¿Qué sucede cuando tenemos pensamientos intrusivos? Por nuestra cabeza pasan miles y miles de pensamientos. Entre ellos «compiten» por recibir atención y los pensamientos intrusivos hacen que fijemos mucho la atención en ellos. Tratamos de eliminarlos para aliviar el malestar que nos producen, lo cual nos hará reducir la ansiedad de forma temporal, es decir, a corto plazo. Empezamos, por ejemplo, a preguntarnos por qué tenemos estos pensamientos, a sentirnos mal por tenerlos... **Al dedicarles atención con el fin de eliminarlos, terminan manteniéndose.**

¿Se pueden controlar los pensamientos que tenemos? **Los pensamientos que tenemos no los podemos controlar, no podemos elegir lo que pensamos, nuestra mente es libre. Pero sí podemos controlar qué hacemos con ellos.**

Por ejemplo: Tú puedes tener el pensamiento de «cierra los ojos» y ser capaz de no cerrarlos. No podemos controlarlos, pero sí está en nuestra mano aprender a ignorarlos y no prestarles atención. Una herramienta muy útil es imaginar que los pensamientos son una radio, y así podemos bajar o subir su volumen o ignorar lo que suena en ella.

HERRAMIENTAS PARA CONTROLAR LOS PENSAMIENTOS INTRUSIVOS

51
El **efecto** camello

Los pensamientos intrusivos van a aparecer. La mente tiene una actividad constante y no para de crear. Este ejercicio te permitirá conocer las diferentes formas de reaccionar ante ellos y lo que sucede en cada una. Tiene tres fases, cada una de ellas de dos minutos. Apunta en un papel las veces que levantas la mano o que otra persona las contabilice:

1. Cierra los ojos e intenta visualizar un camello, levanta la mano cada vez que desaparezca de tu mente. Trata de concentrarte en el camello y que no se vaya.
2. Cierra los ojos e intenta no pensar en el camello, trata de apartarlo de tu mente siempre que aparezca. Levanta la mano cuando la imagen del camello aparezca en tu mente.

3. Piensa en cualquier cosa; cada vez que aparezca el camello, levanta la mano, pero déjalo ahí, no trates de apartarlo.

Has levantado más veces la mano en la fase 2 que en la fase 3, ¿verdad? Esto explica que, cuando tratamos de eliminar un pensamiento de nuestra mente, este tiende a fortalecerse y por eso es contraproducente. En la fase 3, cuando aparece el camello y lo aceptamos sin tratar de eliminarlo, la mente se va a otra cosa.

52
Identificar los **pensamientos** intrusivos y aceptarlos

Imagina que los pensamientos intrusivos son como una persona que te parece pesada en una cena con amigos: no para de decirte cosas fuera de lugar, de forma brusca y no se calla.

Ante esta presencia desagradable, se puede actuar de varias formas y este modo de actuación definirá lo que nos afecta dicho pensamiento. Podemos decirle que se marche, sin éxito alguno, podemos tratar de darle conversación por compromiso, lo que tampoco hará que se vaya, o podemos ignorarlo.

Cuando tengas pensamientos intrusivos, trátalos como a esa persona pesada de la cena. Fíjate en las emociones que te genera esta persona. Identificándolas, aumentaremos la consciencia de que estos pensamientos aparecen, los entenderemos y tendremos un mayor control y, por tanto, una actitud más positiva hacia el cambio.

Una vez identificados, trata de aceptarlos. Esa persona no se va a ir de la cena, no la puedes echar; sabes que no te gusta que esté ahí, pero aceptas su presencia y no le prestas atención.

53
Interprétalos de una
forma diferente

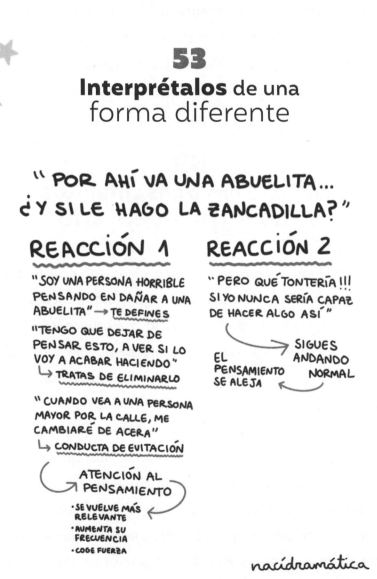

" POR AHÍ VA UNA ABUELITA...
¿Y SI LE HAGO LA ZANCADILLA?"

REACCIÓN 1

"SOY UNA PERSONA HORRIBLE PENSANDO EN DAÑAR A UNA ABUELITA" → TE DEFINES

"TENGO QUE DEJAR DE PENSAR ESTO, A VER SI LO VOY A ACABAR HACIENDO"
↳ TRATAS DE ELIMINARLO

"CUANDO VEA A UNA PERSONA MAYOR POR LA CALLE, ME CAMBIARÉ DE ACERA"
↳ CONDUCTA DE EVITACIÓN

ATENCIÓN AL PENSAMIENTO
• SE VUELVE MÁS RELEVANTE
• AUMENTA SU FRECUENCIA
• COGE FUERZA

REACCIÓN 2

" PERO QUÉ TONTERÍA !!! SI YO NUNCA SERÍA CAPAZ DE HACER ALGO ASÍ "

EL PENSAMIENTO SE ALEJA → SIGUES ANDANDO NORMAL

nacidramática

La reacción que tenemos ante los pensamientos intrusivos determina la angustia que nos producen y la importancia que estos adquieren. Mediante todos los pensamientos que aparecen en la reacción 1 ante el pensamiento intrusivo de «Por ahí va una abuelita... ¿Y si le pongo la zancadilla?», hacemos que este se vuelva más relevante, aparezca con mayor frecuencia y aumente nuestra angustia.

Toma cada uno de tus pensamientos intrusivos y trata de darles una interpretación diferente.

54
Guarda tus **pensamientos** intrusivos para más tarde

Si sufres porque te aparecen estos pensamientos de forma habitual, te recomiendo tener una libreta o un bloc de notas en el móvil para ir apuntándolos cuando surjan. El objetivo es que no les prestes atención en el momento, que no dejes que condicionen ni interfieran en lo que estás haciendo en ese instante. Apúntalos y déjalos «para más tarde», porque, si dejas que te perturben en el momento que aparecen, se harán más grandes, ya que les das valor y permites que te interrumpan. De esta forma vas a tomar el control, les vas a dedicar «x» minutos al día, pero cuando tú quieres, no cuando ellos quieren.

Cuando tú decidas, siéntate delante de tu bloc de notas o

libreta, haz un análisis de estos pensamientos que has tenido durante el día y ponlos a prueba.

Ve uno por uno planteando estas preguntas:

1. ¿Es cierto este pensamiento? ¿Cuánto? ¿Qué hechos a favor me hacen saber que es cierto este pensamiento? ¿Qué hechos en contra lo desmienten?
2. ¿Este pensamiento es coherente con mis valores? ¿Que lo haya pensado significa que vaya a pasar?
3. ¿Qué efectos, tanto positivos como negativos, me genera?
4. ¿Hay otras formas de pensar sobre esto? ¿Qué pensamiento alternativo sería más realista?
5. ¿De qué me sirve tener este pensamiento? ¿Cuánto me afecta del 1 al 100 tenerlo?

55
Crea una **historia** con tus pensamientos intrusivos

Lo mejor para evitar los pensamientos intrusivos es dejar de tratar de eliminarlos. Con este ejercicio, podrás «utilizar» tus pensamientos para crear algo, y cuando los tengas, en vez de pensar en por qué han aparecido, qué significado tienen, etc., los irás apuntando para crear una historia. Al cabo de unos días o semanas, utiliza todos los pensamientos que tengas apuntados, deja volar tu creatividad e imagina una historia. Esta historia te ayudará a alejarte y despegarte de ellos y a verlos de una forma diferente, puede que hasta con humor; sin rechazarlos. Es un ejercicio que te servirá para diferenciar lo que eres y lo que no eres. Dejarás de ver tus pensamientos como ideas que te definen.

Tu mente tiene actividad 24/7: hace aparecer pensamientos de todo tipo, y no lo **puedes controlar**. Pero puedes aprender a bajarles el volumen cuando lo necesites.

GESTIONAR EL
insomnio

Mientras la mayoría de las personas duermen sin apenas esfuerzo, otras se pasan toda la noche o gran parte de ella sin poder pegar ojo; por mucho que deseen caer rendidos en la cama o por muy cansados que se sientan, les es imposible conciliar el sueño o mantenerlo durante las horas necesarias.

Intentar dormir y no poder hacerlo es una sensación extremadamente desesperante. Girarte a un lado, al otro, ponerte boca abajo, levantarte al baño, volver a acostarte, dar vueltas a la cabeza, estresarte porque tienes que madrugar y no consigues conciliar el sueño... ¿Te suena?

El insomnio se define por una insatisfacción por la cantidad o la calidad del sueño, que puede manifestarse con diferentes síntomas y que causa malestar clínicamente significativo o deterioro en las áreas importantes del individuo que lo sufre: trabajo, estudios, relaciones, comportamiento...

La realidad es que el insomnio afecta a una buena parte de la población. En los más jóvenes (12-17 años) afecta a alrededor de un 10 %, en los adultos (18-64 años) alrededor del 20 %, y en los más mayores (más de 65 años), una tercera parte presenta problemas de insomnio. Los síntomas difieren según la edad: entre los más jóvenes predominan los problemas para conciliar el sueño. En cambio, en adultos y ancianos las dificultades aparecen en mantenerlo y en el despertar precoz. Por otro lado, la prevalencia del insomnio es 1,5 veces mayor en las mujeres que en los hombres.

El insomnio puede aparecer de tres formas diferentes:

- **Insomnio de conciliación:** Aparece la dificultad en el inicio del sueño.
- **Insomnio de mantenimiento o despertares múltiples:** La dificultad se halla en mantener el sueño una vez ya conciliado, con despertares frecuentes y prolongados durante el sueño.
- **Insomnio de despertar precoz:** El último despertar se produce bastante antes de lo deseado y habitual.

Los tipos de insomnio pueden aparecer combinados, dando lugar al **insomnio mixto**, cuando se presentan dos de los tres tipos de insomnio mencionados, o el **insomnio global**, en el cual aparecen los tres tipos de insomnio mencionados.

HERRAMIENTAS PARA DORMIR MÁS Y MEJOR

56
Higiene del sueño

Dormir es un hábito y una función del cuerpo que podemos facilitar. Durante las horas previas a acostarnos, conviene reducir la estimulación y favorecer así que el cuerpo sea el que por sí mismo se acerca al acto de dormir. El objetivo es disminuir la activación fisiológica y cognitiva. Hemos de tratar de adquirir ciertos hábitos y descubrir cuáles son los factores ambientales que interfieren o facilitan en un sueño de calidad. Algunas instrucciones:

- Despiértate y acuéstate todos los días a la misma hora.
- Limita el tiempo diario en la cama al tiempo necesario de sueño (7,5-8 horas).

- Suprime la ingesta de sustancias con efecto activador (nicotina, cafeína, teína, etc.).
- Evita siestas largas durante el día.
- Practica ejercicio físico, evitando las últimas horas del día por su efecto excitante.
- Evita actividades excitantes en las horas previas a acostarte.
- Toma baños de agua a temperatura corporal, por su efecto relajante.
- Come a horas regulares y evita comidas copiosas cerca de la hora de acostarte.
- Mantén condiciones ambientales adecuadas para dormir (temperatura, ruidos, luz, dureza de la cama, etc.).

57
Controla tus
estímulos

Recuerda: la cama es un lugar para dormir. Asociar el malestar que provoca no conseguir conciliar el sueño con los estímulos ambientales puede generarnos más problemas para dormir. Por eso, si tienes problemas de sueño, te recomiendo probar estas cinco pautas para limitar el tiempo y las actividades que llevas a cabo en la cama o en la habitación.

1. Levántate a la misma hora todas las mañanas independientemente del tiempo que hayas dormido la noche anterior.

2. Restringe todas las actividades en la cama o habitación (a excepción de la actividad sexual) que sean incompatibles con el sueño, entre otras: comer, leer, ver la televisión, escuchar la radio o resolver problemas en la cama.

3. Ve a la cama solo cuando tengas sueño, no solo cuando te pueda el cansancio.

4. Si te acuestas y después de 20 minutos no puedes dormir, ve a otra habitación, y vuelve a la cama solo cuando te caigas de sueño.

5. Evita hacer siestas durante el día.

58
Si no puedes **dormir**,
no te fuerces

Cuando estamos en la cama, ya con la luz apagada y dispuestos a dormir, a veces empezamos a dar vueltas y no logramos conciliar el sueño, lo cual aumenta aún más nuestro nerviosismo. Aparecen pensamientos como: «Tengo que conseguir dormir, mañana tengo muchas cosas que hacer», «Necesito dormir al menos siete horas», «A ver si voy a pasar así toda la noche», «No puedo parar de pensar, así es imposible dormir», y empieza la preocupación. Cuando te des cuenta de que entras en este círculo vicioso y te frustres, sal de ahí. Es contraproducente que te quedes en la cama con ese nivel de ansiedad, ya que seguramente no vas a lograr dormir; tu cabeza va a mil. Mejor levántate y empieza otra actividad, ponte a leer, a recoger la habitación o a andar por la casa. Cuando sientas que aparece el sueño, acuéstate.

59
Regula la **ventana** de sueño

Esta herramienta tiene el objetivo de mejorar la eficiencia del sueño cuando la persona pasa mucho tiempo en la cama, pero el tiempo dormido es mucho menor. Consiste en disminuir el tiempo empleado en cama haciendo que el tiempo que se dedique a estar en la cama sea exclusivamente de descanso. Para aplicar esta técnica, mide durante unos días el tiempo aproximado que pasas en la cama despierto y el que estás durmiendo.

- Si el tiempo que pasas en la cama son 8 horas y duermes 5 y media, se reduce el tiempo en cama a 5 horas y media. Se recomienda para individuos en los que el porcentaje de eficiencia de sueño es menor del 85 % en adultos o del 80 % en ancianos.
- Establece una ventana de sueño, es decir, indica la hora en la que vas a acostarte y a levantarte. Este tiempo será

el permitido para dormir. Esta ventana debe ajustarse al tiempo medio de tu sueño total, sin ser nunca inferior a 4 horas y media.

- Modifica la ventana de sueño cada semana: aumenta o disminúyela dependiendo de la eficiencia durante la semana.

¿Cómo debes hacer los cambios en la ventana de sueño?

- Si el porcentaje de eficiencia de sueño es mayor del 90 %, aumenta 15 minutos. Si el porcentaje se encuentra entre 85 % y 90 %, no cambies la ventana de sueño, y si el porcentaje es menor del 85 %, disminuye la ventana de sueño 15 minutos. (Debes hacer la media de los 7 días).

Ejemplo...

SEMANA	VENTANA EN MINUTOS	TIEMPO DURMIENDO EN MINUTOS	PORCENTAJE DE TOTAL	¿SE HACE CAMBIO?
1	330 (5 horas y media)	290 minutos (5 horas)	87,87 % (330/290)	No se hace cambio
2	330 (5 horas y media)	260 minutos (4,33 horas)	78,78 %	-15 minutos
3	315 (5 horas y 15 minutos)	270 minutos (4,5 horas)	85,71 %	No se hace cambio
4	315 (5 horas y 15 minutos)	285 minutos (4,45 horas)	90,47 %	+15 minutos

Esta técnica es muy efectiva para reducir la **ansiedad anticipatoria**, porque aumenta la somnolencia y consigue que el tiempo empleado en la cama sea únicamente para descansar.

60
Entrenamiento
en relajación

La activación física o psíquica interfiere a la hora de dormir, por eso te recomiendo esta herramienta si tienes una incapacidad para relajarte o una excesiva activación a la hora de dormir. Dependiendo de si el objetivo del tratamiento es la activación fisiológica, cognitiva o emocional, puedes practicar diferentes técnicas de relajación. Por ejemplo:

- **Atención a la respiración:** Fíjate en tu respiración desde el diafragma para conseguir una respiración más lenta, profunda y mecánica, que facilitará la conciliación del sueño.
- **Relaja todos los músculos de tu cuerpo:** Intenta destensar poco a poco todas las partes de tu cuerpo, de los pies a la cabeza.
- **Entrena tu imaginación:** Consiste en imaginar o recordar una situación agradable desde una perspectiva multisensorial logrando una sensación inductora del sueño.

Es necesario que **cuides** y des importancia a tu **tiempo de descanso** para poder **afrontar** tus días con la **energía que necesitas.**

MANEJAR LAS DISTORSIONES
cognitivas

Nuestro cerebro no puede procesar todos los estímulos que recibe, así que para ahorrarse energía selecciona y filtra la información. Todos tenemos unos esquemas a través de los cuales interpretamos el mundo y aquello que nos sucede. **Para cada uno de nosotros lo que selecciona y filtra nuestro cerebro es la realidad.** Estos esquemas son subjetivos y se van creando y fortaleciendo en función de nuestra educación, entorno y experiencias.

Pero, a veces, nuestro cerebro falla al procesar esa información y hace que percibamos las cosas de una forma alejada de la real. Cuando interpretamos erróneamente la información de nuestro entorno, aparecen las **distorsiones cognitivas**.

Cuando queremos descubrir el porqué de un estado emocional, tendemos a fijarnos en los acontecimientos que ocurrieron. Si te pregunto: «¿Qué tal fue tu día de ayer?», seguramente dirás «bien» o «mal» en función de lo que te pasó.

¡Pero esto es un error! Los acontecimientos (A) no nos causan directamente consecuencias emocionales (C). Entre ellas... está B, que son los pensamientos o creencias acerca de las cosas que nos pasan. **Lo que provoca las consecuencias emocionales no son los acontecimientos, sino nuestras creencias.** Por ello una misma situación puede generar distintas consecuencias emocionales dependiendo de la persona y el momento.

¿De qué están formadas nuestras creencias (B)? De nuestros miedos, metas, valores, historia personal, experiencias, debilidades, fortalezas, etc.

A → C

ACONTECIMIENTOS ACTIVADORES

CONSECUENCIAS EMOCIONALES

PERO... A NO CAUSA C

A → B → C

PENSAMIENTOS O CREENCIAS ACERCA DE LOS ACONTECIMIENTOS

nacidramática

Imagina que has quedado con un amigo para comer, pasan 40 mlnutos y no llega. El acontecimiento es que tu amigo llega tarde (A). Ante eso, tú podrías pensar (B): «Seguro que no soy suficientemente importante y por eso se le ha olvidado» o «No soy una persona divertida, seguro que no ha venido porque le aburro». Sin embargo, también podrías pensar: «Puede que le haya pasado algo» o «Habrá tenido un imprevisto; en cuanto pueda me llamará». Por tanto, lo que desencadenan nuestras emociones no son los acontecimientos objetivos, sino cómo los interpretamos.

Las distorsiones son muy frecuentes en trastornos de ansiedad, depresión, adicciones, fobias o problemas de autoestima y agravan nuestro malestar. Hay de muchos tipos, pero estas son las más comunes:

1. **Razonamiento emocional:** Consiste en usar las emociones como única evidencia para evaluar una situación. Se toman las emociones como hechos objetivos y definitorios. «Siento que no valgo para nada; eso es porque no valgo para nada».

2. **Personalización:** Quien la sufre se siente responsable de los acontecimientos, aunque no haya participado en ellos. «Laura tiene mala cara, seguramente le ha sentado mal algo de lo que le he dicho».

3. **Pensamiento dicotómico:** La persona tiende a considerar dos extremos antagónicos: blanco o negro, todo o nada, mal o bien, fracaso o éxito. No considera términos

medios, no se ven grises. «Si no saco un 9 como mínimo en este examen, será un fracaso».

4. **Abstracción selectiva:** Se selecciona tan solo un aspecto (el negativo) de una situación, incluso sacándolo de contexto. «A la mayoría les ha gustado mi proyecto, pero a Juan no le ha convencido, por tanto no lo he hecho bien».

5. **Sobregeneralización:** Se toma un hecho negativo aislado y se llega a la conclusión de que, si ha ocurrido una vez, volverá a suceder más veces. «Como mi ex me pegaba, si tengo otra pareja, también me pegará».

6. **Visión catastrófica:** Pensar constantemente en el peor escenario posible acerca de una situación, sin importar que sea improbable. «Si voy en bici me puedo caer, si me caigo me voy a romper la pierna, si me la rompo tendrán que operarme y es posible que no vuelva a caminar igual, además puede que no despierte de la anestesia».

7. **Debería:** Son las reglas rígidas que tiene una persona sobre cómo deben ser las cosas, que se aplican a uno mismo y al resto. Cualquier desviación se considera intolerable y conlleva una gran alteración emocional. Es como vivir en una dictadura impuesta por nosotros mismos. «Debería haber estudiado también por la noche».

8. **Inferencia arbitraria:** Consiste en la extracción de conclusiones sin evidencia objetiva. «Esos dos se están riendo, seguro que se ríen de mí».

HERRAMIENTAS PARA MANEJAR LAS DISTORSIONES COGNITIVAS

61
Aprende a **identificar** las
distorsiones cognitivas

Te propongo un ejercicio: une estos pensamientos con la distorsión cognitiva que contienen.

1. «Mi amiga debería llamarme mínimo una vez a la semana».	Interferencia arbitraria
2. «No me ha hablado porque no quiere saber nada de mí».	Los «deberías»
3. «Tengo miedo a subir en avión, por tanto subir en avión es peligroso».	Personalización
4. «Se me ha quemado la comida, nunca seré capaz de cocinar bien».	Visión catastrófica
5. «Siempre me sale todo mal».	Sobregeneralización
6. «Paso de ir a la entrevista de trabajo, no me van a coger».	Razonamiento emocional
7. «Gerard ha dicho que se está aburriendo, seguro que es por mí».	Abstracción selectiva
8. «Estaba en la excursión, me lo estaba pasando genial y de repente me entraron ganas de comer un helado. No pude comprarlo porque no había ningún sitio, el día fue horrible».	Pensamiento dicotómico

1. Los «deberías», 2. Interferencia arbitraria, 3. Razonamiento emocional, 4. Sobregeneralización, 5. Pensamiento dicotómico, 6. Visión catastrófica, 7. Personalización, 8. Abstracción selectiva

62
Filtra tus
pensamientos

Ahora que ya sabes que todo lo que piensas no tiene por qué ser verdad, es importante que **empieces a tratar tus pensamientos como hipótesis,** posiblemente equivocadas. Para comprobar si estás cometiendo errores, vas a pasar el pensamiento por cuatro filtros:

- **Busca evidencias de tu pensamiento:** Recopila todas las pruebas objetivas sobre el pensamiento. Puedes preguntar a otras personas qué es lo que piensan de este pensamiento, si lo comparten y si es comprobable.
- **Entiende la utilidad del pensamiento:** ¿Por qué piensas eso? Pregúntate: ¿Me ayuda a conseguir mis objetivos? ¿Me ayuda a tener buenas relaciones sociales? ¿Es útil pensar de esta forma?
- **Calcula la intensidad de la emoción:** Las emociones deben estar en consonancia con la situación que las provoca. Si una situación no es un drama, no es lógico que genere una emoción muy intensa y desproporcionada. ¿La emoción que siento está en consonancia con la situación que estoy viviendo?
- **Cuida el lenguaje que utilizas:** La diferencia entre ideas racionales e irracionales suele reflejarse en el lenguaje. ¿Usas a menudo palabras como «siempre», «nunca», «nada», «todo», «debería», «soy...», «tendría que» o «desastre»?

Ahora que conoces los cuatro filtros, cuando detectes una distorsión cognitiva, empieza a buscar **pensamientos que hayan pasado por estos cuatro filtros.** Por tanto, cambia tu pensamiento por otro que contenga pruebas objetivas, te provoque una emoción en consonancia a la situación que has vivido, tenga utilidades y posea un lenguaje racional.

63
Flexibiliza el **lenguaje** que utilizas

Las distorsiones cognitivas se caracterizan por ser exigentes, dramáticas, inflexibles, rígidas, específicas y aportar un sentimiento de culpabilidad. Debemos abrir el mensaje que transmiten y empezar a utilizar mensajes más flexibles que generen menor malestar. Aquí van algunos consejos:

- Cambia «siempre», «nunca» por «a veces», «en ocasiones».
- Cambia «todo» y «nada» por «algunas cosas».
- Cambia «fatal» por «mejorable» y «perfecto» por «lo mejor que pude».
- Cambia «debería» o «tendría que» por «me gustaría», «me hubiera gustado... pero lo que ha sucedido es... por tanto, lo que voy a hacer es...».
- Cambia «soy...» por «me he comportado...».

64
Registra y somete a **juicio**
tus pensamientos

Las distorsiones cognitivas se mantienen en el tiempo porque no nos cuestionamos que puedan ser erróneas. Es momento de que sometas a juicio tus pensamientos. Escribe tu pensamiento intrusivo y busca las distorsiones cognitivas que denota. Después, analiza tu pensamiento, reflexiona sobre por qué es un pensamiento irracional y busca evidencias que contraargumenten ese pensamiento.

Pensamiento intrusivo	«Es mejor que no me presente a ese examen porque lo haré fatal».	«La noche ha sido horrible, he perdido mi chaqueta favorita».
Distorsiones cognitivas	Visión catastrófica.	Abstracción selectiva.
Análisis y contraargumentación	He estudiado para este examen y tengo capacidad para aprobarlo, me he esforzado durante semanas y no tengo pruebas para creer que voy a suspender.	En la noche de ayer estuve en una discoteca que me gustó mucho, con amigos que no veía desde hace tiempo y a los que tengo mucho cariño. Es cierto que perdí mi chaqueta favorita, pero eso no significa que la noche fuese horrible. Creo que me he centrado solo en una cosa de todas las que pasaron.

65
Plantea **alternativas**
a tus pensamientos

Según tu tipo de distorsión cognitiva, te aconsejo que empieces a trabajar para transformarlos en pensamientos más sanos. Para ello, hazte estas preguntas:

Razonamiento emocional: ¿Qué he pensado para sentirme así? ¿Qué pruebas tengo para creer que eso es así?

Pensamiento dicotómico: ¿Hay grados intermedios entre estos dos extremos que planteo? ¿Cuáles? ¿Qué cosas positivas tendría fijar posibles puntos intermedios?

Sobregeneralización: ¿Cuántas veces ha ocurrido esto que estoy pensando? ¿Son suficientes como para extraer conclusiones? ¿Qué pruebas tengo para sacar esas conclusiones? ¿Es posible que haya otras opciones de pensamiento?

Abstracción selectiva: ¿Qué ha ocurrido otras veces? ¿Fue tan malo entonces? ¿Qué puedo hacer si vuelve a ocurrir?

Inferencia arbitraria: ¿Tengo pruebas para pensar esto? ¿Cuáles? ¿Qué puedo hacer para comprobar si esa suposición es cierta? ¿Cuánto me la creo del 1 al 10? ¿Por qué?

Debería: ¿Por qué necesariamente debe ser así? ¿Sería muy grave si eso no ocurriera de esa forma? ¿Cuánto? ¿Puedo comprobarlo?

Catastrofización: ¿He pensado otras veces en esto? ¿Qué

ocurrió? ¿Es probable que esto ocurra? ¿Con qué probabilidad?

Personalización: ¿Qué pruebas tengo de que eso es así? ¿Hay otras posibilidades? ¿En qué me ayuda pensar así? ¿Puede que esté extrayendo conclusiones sin pruebas?

A veces lo que **piensas** sobre lo ocurrido puede **afectarte** más que **lo que realmente ha ocurrido.**

MIEDO AL FUTURO E INTOLERANCIA A LA
incertidumbre

¿Qué sientes ante estas preguntas? ¿Qué sientes ante la incertidumbre? ¿Te agobia? ¿Tienes miedo a no tenerlo todo bajo control?

La incertidumbre es la falta de seguridad, confianza y certeza sobre algo, especialmente la sentimos cuando son temas que generan inquietud. Todos la hemos sentido en algún momento de nuestras vidas. El miedo al futuro está relacionado con una baja tolerancia a la incertidumbre.

Los seres humanos, por lo general, no queremos sorpresas. Desde los orígenes de nuestra especie, nuestro cerebro tiene el objetivo instintivo de reducir al máximo la incertidumbre, porque en el pasado tener todo bajo control aumentaba nuestra capacidad de supervivencia. Nuestra vida ha cambiado, pero el cerebro y el cuerpo siguen reaccionando igual ante la sensación de incertidumbre.

Sin embargo, **a veces amamos la incertidumbre.** Nos gusta el fútbol porque no sabemos cuál será el resultado del partido, nos encanta ver películas sin saber el final, y de hecho odiamos los *spoilers*... Pero cuando hablamos de nuestro futuro... nos encanta tener todo bajo control. ¿Y cuántas cosas hay que no dependen de nosotros y, por tanto, debemos aceptar que no las controlaremos?

Ante preguntas como estas: ¿Será el amor de mi vida?, ¿Qué sucederá con mi trabajo actual?, ¿Enfermaré en los próximos años?, ¿Estaré tomando una buena decisión comprando esta casa? ¿Qué pasaría si...? Es normal sentir incertidumbre, porque la realidad es incierta, no sabemos qué pasará y no las podemos responder. Pero **el problema no es el miedo al futuro, sino cómo gestionamos este miedo.**

Nuestra capacidad de pensar a largo plazo, hacer predicciones y planear (a diferencia del resto de los animales que piensan en el corto plazo) puede tener repercusiones negativas si no sabemos utilizarla. Por eso terminamos dedicando mucho tiempo y energía a plantear escenarios catastróficos y sus hipotéticas soluciones que probablemente nunca lleguen a darse.

Tener un miedo excesivo al futuro puede tener muchas consecuencias en nuestro presente:

- Puede paralizarnos y estancarnos en el momento actual. Ante situaciones como, por ejemplo, no estar a gusto en nuestro trabajo, el miedo puede hacernos incapaces de tomar la decisión de dejarlo.
- Utilizamos la energía para crear mentalmente las escenas a las que tenemos miedo y pensar posibles soluciones ante esas situaciones y no hacia las que realmente tenemos en el presente.
- Nos hace querer tenerlo todo bajo control y tratamos de anticipar qué va a ocurrir de una forma catastrófica. ¿Cuáles son los motivos?
- Creemos que anticipar el futuro hará que sea más sencillo predecir lo que ocurrirá.
- Nos basamos en vivencias negativas anteriores e imaginamos que lo que sucederá es la peor situación posible.
- Ante la necesidad de controlarlo todo, pensamos que será útil ponernos en lo peor que puede pasar para estar preparados ante todo lo negativo que pueda suceder.

¿Por qué tenemos miedo al futuro? En ocasiones no tenemos miedo al futuro como tal, sino a vernos en ese futuro y no saber cómo gestionarlo. Algunas posibles causas son tener una baja autoconfianza, creer que las cosas que no están bajo nuestro control son catastróficas o sentir incapacidad ante una situación temida.

> ¿Sientes que vives pensando en el futuro? ¿Siempre con preocupación? ¿Piensas que te roba mucho tiempo pensar tanto en él?

HERRAMIENTAS PARA GESTIONAR EL MIEDO AL FUTURO

66
Conoce la **relación** que tienes
con la incertidumbre

Piensa en una situación en la que hayas sentido incertidumbre: mudarte, dejar una pareja, cambiar de trabajo...

¿Qué emociones te produce la incertidumbre? ¿Qué creencias tienes sobre esta? ¿Cómo te sientes al no saber qué va a ocurrir y cómo te relacionas con esta idea? ¿Te agobia? ¿Te parece catastrófico? ¿Te da miedo? ¿Qué pasaría si normalizases la idea de que la incertidumbre es parte de la vida? ¿Tiene cosas positivas el no saber qué va a ocurrir? ¿Cuáles? ¿Puede llegar la incertidumbre a ser positiva en algunas situaciones? ¿Te hace aprender? ¿Te ofrece una nueva perspectiva? ¿Puede no ser tan horrible como planteas?

Si eres una persona con tendencia a entrar en este tipo de bucles negativos, es importante que te recuerdes a ti mismo que **la vida es incierta y es imposible controlarlo todo.** Una vez que asumas esto, podrás comprender que no pasa nada por no saber qué va a ocurrir, y **que la incertidumbre incluso puede aportar cosas positivas, nuevas opciones y posibilidades a tu vida.**

67
Lo **bueno** de lo
imprevisible

Recuerda 10 acontecimientos que te han ocurrido de forma imprevista y que, por lo tanto, no tenías controlados. ¿Fueron todos catastróficos? ¿Cómo se resolvieron? ¿Le dedicaste pensamientos negativos? ¿Fuiste capaz de gestionarlos?

Piensa en imprevistos que han sido positivos, que te han hecho crecer y mejorar y de los que has aprendido. ¿Sabías que iban a ocurrir? ¿Te han ayudado? ¿Qué te han aportado?

Gracias a estas situaciones que ya puedes mirar con perspectiva, puedes observar que lo incierto no tiene por qué ser malo. Las cosas que pueden ocurrir pueden ser buenas o malas, así que te animo a **trabajar para mejorar tu relación con la incertidumbre.**

68
Mente en el **futuro**, cuerpo en el presente

No se trata de no pensar en el futuro porque pensar en el futuro es útil. **Mirando al futuro decidimos qué queremos conseguir y aprendemos cómo y qué trabajar en el presente para alcanzar nuestros objetivos.** Pero, cuando aparece el miedo al futuro y la intolerancia a la incertidumbre, empezamos a plantear escenarios improbables y lejanos. Se trata de identificar cuándo entramos en ese bucle y regresar al presente.

Tu cuerpo siempre está en el presente y puedes saber cuándo estás alejándote de ti. Cuando sientes que tu mente está en el futuro, hazte estas preguntas: ¿Estás pensando en algo que no está pasando? ¿Te hace sufrir? ¿Estás diseñando posibles futuros? ¿Te estás anticipando? ¿Puedes hacer algo ahora sobre ese futuro?

Cuanto más hagas esto, más práctica tendrás. Se trata de saber cuándo debes pensar en el futuro y cuándo no.

69
Registra tu **sufrimiento**
innecesario

Haz memoria y piensa en 10 ocasiones en las que sentiste que tu mente se adelantaba al futuro. Escribe los pensamientos que tenías sobre lo que iba a pasar y puntúa cuánto te hacían sufrir esas ideas del 1 al 10.

Ahora que sabes lo que ha ocurrido, podrás ver cuántas de las ideas que te hacían sufrir han ocurrido realmente y cuántas no. Probablemente, la mayoría no han sucedido y las que sí han sucedido las has podido afrontar de forma eficaz. ¿Cuánto has sufrido de forma innecesaria en tu pasado? ¿Merece la pena todo lo que has pasado? ¿Te hubiera gustado invertir esa energía y atención en otras cosas?

Repite este mismo ejercicio en tu momento actual. Anota los pensamientos en los que sientes que te adelantas al futuro y puntúalos del 1 al 10 en función de cuánto te hacen sufrir. Ve revisando esta lista periódicamente para observar qué cosas van ocurriendo y cuáles no. **A medida que veas como no se cumplen tus predicciones catastrofistas, irás perdiendo el miedo al futuro.**

70
Invierte tu **presente** en
un futuro deseado

¿Qué consigues sobrepensando en el futuro? ¿Sobrepensar en el «qué pasará» te ayuda? ¿Puede que sea mejor trabajar y actuar en el presente? Es momento de cambiar esta tendencia. **Cada día es una oportunidad para hacer cosas que te acerquen a tu futuro deseado.** Empieza a responder estas preguntas, de forma realista:

¿Qué te da miedo del futuro? ¿Cómo puedes trabajar hoy para evitar ese futuro que temes? ¿Cómo te imaginas tu futuro deseado? ¿Qué cosas te gustaría lograr? ¿Cómo puedes empezar a trabajar en ellas? ¿Qué plan vas a seguir?

Imagina que tu futuro deseado es un puzle. ¿Qué pieza puedes colocar hoy? Cada pieza que coloques te acercará más a él. **A veces, el miedo al futuro aparece porque no estamos colocando ninguna pieza de nuestro puzle en nuestro presente.**

Piensa en el *futuro* para establecer
metas y objetivos.

Aprovecha el *presente* para decidir
cómo conseguirlos.

COMUNICACIÓN
asertiva

Vivimos rodeados de gente y la mayor parte del tiempo lo pasamos interactuando con otras personas. Por ello la comunicación es uno de los aspectos más importantes de nuestra vida. De ella dependen la imagen que transmitimos a los demás, las relaciones familiares, de pareja, de trabajo y sociales e incluso nuestro estado de ánimo.

Estos son los estilos básicos de comunicación:

1. **Pasiva:** Las personas que utilizan este tipo de comunicación no suelen expresar sus sentimientos, opiniones y

necesidades. No son personas conflictivas y adoptan un patrón de evitación de problemas. Adquieren el rol de sumisos y suelen ceder ante los deseos de otros. Le dan más importancia a lo que desean los demás que a lo que desean ellos.

2. **Agresiva:** Las personas que lo utilizan interrumpen constantemente a los demás, expresan sus necesidades, sentimientos y opiniones de forma hostil. El objetivo de este tipo de comunicación es lograr imponer la opinión propia por encima de la de cualquiera, sin importar cómo se sienta el resto. Suelen parecer egoístas e impulsivos.

3. **Pasivo-agresiva:** Las personas que lo utilizan a simple vista pueden parecer pasivas, ya que no enfrentan los problemas cara a cara por miedo al conflicto. Se van guardando todo hasta que explotan y reaccionan de forma impulsiva, incluso ante personas que no son las responsables de su enfado. Después se sienten mal y vuelven al estado pasivo.

4. **Asertiva:** Las personas que utilizan este tipo de comunicación expresan sus opiniones, necesidades y sentimientos de forma clara, directa, segura y tranquila. Tienen en cuenta las necesidades, sentimientos y opiniones del resto, respetan el punto de vista de los demás y no son dominantes.

Una frase asertiva estará compuesta por cuatro fases:

1. **Observación de los hechos:** Se describen objetivamente los hechos. «¿Te acuerdas de cuando estuvimos en casa de Borja? A mitad de la tarde, contaste delante de todos un secreto que te había dicho solo a ti y que te pedí que no le contases a nadie».

2. **Expresión de los sentimientos:** Se comunica al receptor cómo nos sentimos por los hechos que le hemos explicado. «Me sentí bastante incómoda y avergonzada, ya que es un tema delicado para mí y todos lo comentaron de forma abierta».

3. **Expresión de las necesidades:** Se expone qué hace falta para cambiar cómo nos sentimos en próximas ocasiones. «Decidí contártelo porque considero que somos buenas amigas y necesito tener la confianza de que nadie más lo sabrá».

4. **Elaborar una petición:** Se especifica el cambio que queremos sugiriendo alternativas posibles para resolver la situación actual. «A partir de ahora, me gustaría que nunca más volvieses a compartir un secreto que te he contado de forma confidencial».

AGRESIVO · ASERTIVO · PASIVO

PRIORIZA SUS PROPIAS NECESIDADES — PRIORIZA LAS NECESIDADES DEL RESTO

nacidramática

No elegir un estilo de comunicación asertivo supone elegir uno agresivo, pasivo o la mezcla de ambos. En cambio, comunicarse con un estilo asertivo tiene todas estas ventajas:

- **Aumenta el respeto del resto hacia nosotros:** Al transmitir tener un criterio propio y seguridad en nosotros mismos, el resto observa que compartimos nuestras ideas sin ofender a otros y, en consecuencia, nos respetan más.
- **Refuerza nuestra autoestima:** Porque nos respetamos más a nosotros mismos y defendemos nuestros derechos.
- **Facilita relaciones saludables:** Cuando se utiliza este estilo de comunicación, nuestras relaciones se basan en la honestidad, la claridad y la sinceridad. Por tanto, ayuda a crear y mantener relaciones sanas en las que se tienen en cuenta las necesidades de ambos.
- **Ayuda a resolver los conflictos de forma eficaz:**

Al expresar con claridad y respeto qué es lo que ha molestado, la otra persona entiende qué es lo que no le ha gustado. Además, se evita que los problemas se magnifiquen dado que las necesidades y las emociones se expresan de forma temprana.

Sin embargo, ¿por qué nos cuesta comunicarnos siempre así? A continuación se describen algunas barreras que impiden la comunicación asertiva:

- **Estrés:** El estrés nos moviliza a huir o luchar ante una amenaza. Si reaccionamos ante el estrés huyendo, es posible que caigamos en el patrón de la comunicación pasiva. En cambio, si reaccionamos luchando, caeremos en el patrón de comunicación agresiva.
- **Otras personas:** Es posible que las personas con las que tratamos de comunicarnos de forma asertiva se resistan a este tipo de comunicación.
- **Creencias limitantes:** Ante creencias como «tengo que complacer al resto», «no quiero tener conflictos», «tengo miedo a que me rechacen si digo lo que pienso» podemos tener la tendencia a comunicarnos de forma pasiva. En cambio, ante creencias como «no se tienen que aprovechar de mí», «haré lo que sea para imponer mi opinión», «quiero que las cosas sean como deseo», tendemos a utilizar un estilo de comunicación agresivo.
- **Aprendizajes pasados:** Es posible que no hayamos

aprendido a comunicarnos de forma asertiva por imitación del comportamiento de nuestros padres, amigos u otras personas importantes para nosotros o porque nadie nos ha enseñado a hacerlo.

HERRAMIENTAS PARA EMPEZAR A UTILIZAR EL ESTILO DE COMUNICACIÓN ASERTIVO

71
Descubre cuál es tu **estilo**
de comunicación

Para poder aprender a comunicarte con los demás de forma efectiva, es necesario saber cuál es tu estilo de comunicación actual. Es posible que te identifiques con varios tipos, porque dependiendo del momento o la persona con la que te comunicas puedes utilizar uno u otro. Para saber cómo es tu comunicación pueden ayudarte estas preguntas.

- ¿Respetas más tus necesidades, las del resto o por igual?
- ¿Con qué emoción conectas durante la comunicación?
- ¿Cómo es tu autoestima?
- ¿Qué tipo de relaciones estableces con los demás?

Ahora imagina cómo se comunicarían cada uno de estos perfiles.

- Respeta más las necesidades del resto. La persona conecta con la ansiedad y el estrés al comunicarse con el resto. Su autoestima es baja y establece relaciones pasivas con tendencia a la sumisión.
- Respeta más sus necesidades que las de los demás. Cuando se comunica conecta con la agresividad, impulsividad, es exigente e intrusiva. Su autoestima es aparentemente buena, pero se cree mejor que el resto y por eso establece relaciones dominantes.
- Respeta las necesidades de los otros tanto como las suyas, ante la comunicación conecta con emociones de tranquilidad y calma. Su autoestima es sana porque valora y defiende lo que es. Establece relaciones sanas y equilibradas.
- Tiene una mezcla de características del perfil 1 y del 2.

72
Cambia los **«mensajes tú»** por «mensajes yo»

Los «mensajes yo» son mensajes en primera persona que se utilizan para comunicar al resto lo que sentimos, pensamos o queremos. Son muy útiles para situaciones en las que queremos mostrar nuestra opinión, hacer peticiones o expresar desacuerdos. Estos mensajes tienen muchas ventajas:

- Se deja de juzgar a los demás, ya que hablamos en primera persona.
- No contienen reproches; no hacemos culpables al resto.
- El receptor puede aceptar mejor los mensajes porque es menos probable que le ofendan.
- Ayudan a centrarse en solucionar el problema respetando a la vez al resto de personas.

Mensaje tú: «Odio que no contestes a mis mensajes».

Mensaje yo: «Cuando no respondes mis mensajes me preocupo mucho porque pienso que te ha podido pasar algo».

73
Practica la **escucha** activa

A veces, le damos mucha importancia a lo que decimos, porque evidentemente la tiene, pero se nos olvida centrarnos en escuchar. Este tipo de escucha ayuda a establecer conversaciones significativas y profundas; consiste en prestar atención total a lo que dice la persona que tienes delante con el objetivo de que se sienta que la escuchas.

- No interrumpas a la otra persona mientras habla.
- No planifiques lo que vas a contestar mientras escuchas al otro.
- Deja de temer los silencios.
- Parafrasea y resume los mensajes recibidos para verificar que lo has comprendido correctamente.
- Transmite confianza mediante el contacto visual y la sonrisa.

74
Busca el **momento**
adecuado

Antes de comenzar una conversación difícil, pregúntate: ¿Es un buen momento para hablar? ¿Es un lugar adecuado? ¿Tengo el tiempo necesario? ¿Mi estado emocional y mental es adecuado para mantener esta conversación? ¿Me encuentro con capacidad de escuchar?

En el caso de que respondas «sí» a estas preguntas, lo siguiente es saber si también es un buen momento para la otra persona. Si te comunica que no es un buen momento, podéis establecer un día y una hora en que podáis hablar.

75
Cuida tu **comunicación**
no verbal

Cuando queremos enviar mensajes asertivos, no solo tenemos que poner énfasis en las palabras, sino también en nuestra comunicación no verbal. El lenguaje no verbal incluye los gestos, el tono de voz, la expresión facial o la postura. Este debe tener coherencia con las palabras para que no se produzcan ambigüedades en la comunicación. Por ejemplo, no puedes decir a gritos: «Estoy tratando de arreglar las cosas contigo». Algunos consejos son:

- Mantén una buena postura.
- Establece contacto visual.
- Cuida tus expresiones faciales y tus gestos.

Para lograr una buena comunicación es importante que transmitas ganas de colaborar, escucha activa, atención, apertura y receptividad.

76
Decide qué es lo que
deseas transmitir

Antes de lanzar tus mensajes, para y piensa qué es lo que necesitas transmitir y cuál es el mensaje que quieres que la otra persona reciba. Al final, lo importante no es el mensaje que se transmite, sino el mensaje que extrae el receptor. Es muy común, por ejemplo, cometer estos errores al hacer una petición.

- Transmitir lo que no queremos en vez de lo que queremos.
- No hacer peticiones concretas y dejar espacio a las interpretaciones del resto.

Ejemplo: «Me enfada que me cortes mientras hablo». Con esta frase nos centramos en lo que no queremos, pero no dejamos claros nuestros deseos. Por tanto, una mejor opción para transmitir lo que queremos sería: «Me gustaría que me dejases terminar antes de intervenir».

Cuida tu forma de **comunicarte**
con los demás, porque es la base
de todas tus relaciones.

AUMENTAR LA CONFIANZA EN
uno mismo

La autoconfianza es la creencia en la propia capacidad para lograr objetivos y enfrentar desafíos. Se trata de una actitud positiva hacia uno mismo, en la que reconocemos que tenemos las habilidades y los recursos necesarios para conseguir lo que deseamos. Lo contrario a esto es la baja confianza en uno mismo, que consiste en sentir que no somos capaces de gestionar lo que nos sucede, de arriesgarnos, de tomar decisiones y pensar que no tenemos las habilidades ni los recursos necesarios para conseguir nuestros objetivos.

Es posible que en algún momento de tu vida (o en muchos) hayas tenido esta sensación. Por ejemplo, puede ser que en una conversación con varias personas hayas pensado en decir tu opinión, pero al final has optado por callarte porque has pensado: «¿A quién le importa lo que yo quiero decir?», «Me da mucha vergüenza hablar delante de tantas personas», «Quizá mi intervención no tiene sentido o no es importante».

La autoestima y la autoconfianza son conceptos muy relacionados entre sí, pero diferentes. Mientras que la autoestima es la valoración que tiene una persona de sí misma, a nivel general, la autoconfianza es la valoración sobre la capacidad y las habilidades para enfrentar con éxito los desafíos que puedan surgir y para lograr objetivos. Por tanto, **se puede tener una alta autoconfianza en algunas áreas y una baja autoestima general, y viceversa.**

Por ejemplo, una persona puede tener una alta confianza a la hora de practicar un deporte en particular, pero una baja autoestima general. O puede presentar inseguridad dando una charla en público y, sin embargo, tener una alta autoestima general. También podemos sentir autoconfianza en algunas áreas y en otras no. Por ejemplo, podemos tener una gran confianza en nosotros mismos a la hora de relacionarnos con el resto, pero baja en lo relacionado con el trabajo.

Tener confianza en uno mismo no implica ser prepotente o pensar que nunca vamos a fallar, sino ser realista y consciente de cuáles son nuestras habilidades y limitaciones. Las personas con autoconfianza tienen una mayor capacidad a la hora de tomar decisiones y adaptarse a los cambios, presentan un menor enfoque a lo externo (ya que confían en lo que ellos valen; por tanto, se enfocan en la importancia de lo interno) y mayor facilidad para enfrentar desafíos y superar obstáculos.

La falta de confianza es muy mala compañera, el día a día y la vida están llenos de retos en los cuales tenemos que hablar, decidir y actuar. **La falta de confianza nos aleja de nuestros deseos, nos dificulta luchar y nos obliga a estar en una zona de confort cada vez más reducida.** La baja confianza en nosotros mismos nos afecta de diferentes formas, entre ellas:

- **Dificultad en la toma de decisiones o al establecer metas:** Esta dificultad puede impedir nuestro avance y desarrollo.

- **Impacto en el trabajo o los estudios:** Creemos que somos menos capaces de lo que somos realmente, lo que puede perjudicarnos en este ámbito.

- **Problemas en nuestras relaciones:** La necesidad de aprobación constante por parte del resto puede hacer que aumenten las dificultades para establecer y mantener relaciones sanas y satisfactorias.

- **Estado de alerta constante:** Nos sentimos en alerta de forma constante, con presión y con sensaciones de estrés ante situaciones nuevas que puedan aparecer, lo cual puede afectar a nuestra salud mental y física.

- **Evitación de situaciones nuevas y falta de iniciativa al buscar oportunidades:** Evitamos enfrentarnos a cosas nuevas y arriesgarnos. Sentimos que saldrá mal, fracasaremos o no sabremos gestionar lo que suceda, lo cual hace que perdamos oportunidades y nos quedemos en nuestra zona de confort.

- **Tendencia a compararse con el resto:** Nos comparamos de forma negativa, nos sentimos inferiores y creemos no estar a la altura del resto.

Cuando la inseguridad nos invade, es como si nos quedásemos en una esquinita, sin interactuar con nuestro alrededor y esperando a que todo pase. Eso sí, en esa esquinita no estamos nada a gusto; continuamente nos comemos la cabeza, con rumiaciones constantes: «¿Y si hubiera...?», «quería decirlo pero al final...», «otra vez que pierdo la oportunidad...», «ese viaje era el de mis sueños...».

HERRAMIENTAS PARA AUMENTAR LA CONFIANZA EN UNO MISMO

77
No esperes a **sentirte** preparado

La confianza aparece tras actuar y sentir que hemos sido capaces de manejar la situación. Es una cualidad que se va desarrollando, no es innata. Por ello, no esperes a sentirte confiado o preparado, **actúa sin confianza y la confianza vendrá después, al sentir que has conseguido enfrentarte a esas situaciones o tareas.** Poco a poco ve enfrentándote a las situaciones en las que sientes que no tienes seguridad en ti y cuando lo hagas, por el simple hecho de intentarlo (salga bien o no), tu autoconfianza va a aumentar.

Te voy a poner un ejemplo. Cuando me ofrecieron la posibilidad de escribir este libro, yo dije: «Soy incapaz, ¿cómo voy a escribir un libro?». A pesar de esos pensamientos, me hacía muchísima ilusión la idea de escribirlo y sin ningún tipo de confianza lo empecé. Hoy en día, estoy tremendamente orgullosa de mí misma y mi autoconfianza ha aumentado muchísimo. Pero, si no hubiera empezado, nunca hubiera aumentado. Mi autoconfianza creció cuando comprobé que era más capaz de lo que creía. Por tanto, si te da miedo hacer algo, pero lo tienes que hacer o quieres hacerlo, no lo evites, porque si lo evitas, ese miedo aumentará aún más.

78
Indaga sobre qué cosas **aumentarían** tu autoconfianza

Reflexiona sobre qué crees «que te falta» para sentir esa seguridad. Imagina situaciones en las que sientes que tu falta de confianza es muy grande y reflexiona sobre qué crees que necesitas mejorar para sentirte mejor. Cuando detectes qué cosas son las que crees que te faltan, empieza a dedicar un tiempo cada día o cada semana para aprender y practicar esas habilidades que necesitas para tener una mayor confianza en ti.

Situación o aspecto en los que quiero aumentar mi confianza.	¿Cómo podría aumentarla? ¿Qué necesitaría saber o hacer?
Dar mi opinión cuando estoy en grupos de gente.	Trabajar mis habilidades sociales.
Hacer una exposición.	Practicar lo suficiente lo que tengo que explicar y hacerlo ante otras personas.

79
Rodéate de **personas**
que te hacen bien

En muchas ocasiones, la falta de confianza se debe a las relaciones que tenemos, ya sean familiares, de amistad o de pareja. Es posible que haya personas a tu alrededor que constantemente infravaloren tus comentarios, muestren indiferencia hacia tus actos y no reconozcan tus logros.

Piensa en las personas más importantes de tu vida, con las que más te relacionas, y reflexiona sobre cuánto crees que te valoran, cuánto aprecian lo que haces, cuánto te respetan y cuánto confían en ti. Es posible que descubras que algunas de las personas que te rodean te lastran. Si es así, es momento de reconstruir vuestra relación. Puedes comunicarles a esas personas lo que sientes de forma sincera, tomar distancia con ellas, dejar de compartir ciertas cosas y momentos y tomar la decisión de qué papel quieres que tengan en tu vida, y cómo y cuánto quieres que afecten a ella.

80
Presta atención a tus
pensamientos desagradables
y transfórmalos

Nuestro cerebro se cree todo lo que le decimos, por eso, es momento de cambiar las cosas que te dices. Si tienes una baja seguridad en ti mismo, seguramente gobiernen tu mente pensamientos como: «Lo voy a hacer mal», «No soy capaz» o «No lo voy a conseguir». Y bien, ¿de qué te sirve tener estos pensamientos constantemente? Cuida tu diálogo interno y cambia esos pensamientos desagradables por otros del tipo: «Lo haré lo mejor que pueda y sepa», «Quiero intentarlo», «Confío en mí».

Tener confianza en ti no significa ser capaz de hacerlo todo bien, no cometer errores y ser perfecto. En muchas ocasiones, la baja confianza en uno mismo va de la mano de una alta exigencia. Acepta la idea de que puedes cometer errores y que estos te van a ayudar a aprender y saber dónde te has equivocado, a descubrir qué es lo que no ha funcionado, a volver a intentarlo con esa parte aprendida y, por tanto, a mejorar.

Actúa sin confianza y esta **aumentará,** tras ver cómo has tratado de **enfrentar** **la situación temida.**

REGULAR LA
autoexigencia

Vivimos en una sociedad muy exigente: parece que todos debemos destacar en nuestro trabajo o estudios, debemos ser excelentes amigos, buenas madres, tener el físico perfecto... Da la sensación de que no hay un espacio para el error o el disfrute, ni tampoco para el descanso, solo para la perfección y la productividad.

Solemos ver la exigencia como una cualidad positiva. Creemos que una persona exigente es constante y que, probablemente, consiga sus objetivos y tenga éxito gracias a la exigencia que se impone a sí misma. Sin embargo, esto no es del todo así. Evidentemente para lograr nuestros objetivos, mantener nuestras aspiraciones, superarnos y sentirnos realizados debemos exigirnos y eso está bien. Pero en ocasiones surge un elevado nivel de autoexigencia en el cual dejamos incluso de disfrutar de aquello en lo que invertimos nuestra energía. Nuestra mente se llena de pensamientos como «debería...», «tendría que...», los cuales nos producen un alto nivel de ansiedad.

Cuando tenemos una autoexigencia excesiva, nos instalamos en el inconformismo. Llegamos a no conformarnos con nada de lo que conseguimos ni a disfrutar de ello. Nos exigimos tanto que cualquier logro que consigamos nos parece que podría haberse hecho mejor, ya que tenemos las expectativas muy muy altas. Nos volvemos tan críticos con nosotros mismos que podemos llegar a tratar un éxito como un fracaso.

La alta exigencia nos lleva a esforzarnos por alcanzar esas metas propuestas por nosotros mismos. Y justamente porque son tan difíciles de alcanzar, aparece una gran frustración y una gran intolerancia al fracaso. Esto nos lleva a una infelicidad constante y afecta a nuestra autoestima.

¿Cómo saber si eres demasiado exigente?

- Te cuesta disfrutar de lo que haces porque constantemente tienes el foco en lo que deseas conseguir y no disfrutas del proceso.
- Buscas que todo sea perfecto. Por mucho tiempo y esfuerzo que dediques nunca es suficiente; siempre sientes que puedes mejorar.

- La mayor parte del tiempo te sientes insuficiente.
- Tienes pensamientos dicotómicos: o todo o nada, o lo haces bien o lo haces mal, o es un éxito o es un fracaso; no hay término medio.
- Cuando te equivocas te castigas, porque tienes una gran intolerancia al fracaso.
- Te cuesta tener momentos de descanso, solo piensas en trabajar en esas metas que deseas y no te das espacios para descansar. Si lo haces, te sientes culpable.
- Te enfocas en los errores y en lo que ha salido mal en lugar de en los aciertos.
- Tu diálogo interno es muy crítico y negativo y predominan los «debería...», «tengo que...».
- Te cuesta reconocer tus capacidades y habilidades.

Si sientes que te identificas con la mayoría de las afirmaciones, es momento de hacer introspección y conocer mejor las exigencias que te impones a ti mismo.

HERRAMIENTAS PARA GESTIONAR LA AUTOEXIGENCIA

81
Identifica las áreas en las que eres más autoexigente

Fíjate en tus «tengo que...» más frecuentes: ¿suelen ser de alguna área específica? Puede que estén muy relacionados con tu trabajo o estudios y, por tanto, aparecen en ti pensamientos como «debo hacer el trabajo perfecto», o bien pueden aparecer en el área social: «tengo que estar siempre para las personas que me necesitan», o en áreas como nuestro hogar: «tengo que tenerlo siempre todo limpio», o en el aspecto físico: «debo salir siempre guapa de casa» u otros.

¿Dónde pones la mayor parte de tu energía? ¿En una o varias áreas? ¿En qué áreas eres más flexible? **Detectar el área o las áreas más comunes en las que aparece tu elevada autoexigencia es el primer paso para empezar gestionarla.**

82
Reformula tus «tengo que»

Si eres muy autoexigente es posible que vivas «en piloto automático» y vayas de un quehacer a otro sin pensar más allá. Este ejercicio te mostrará cuál es el origen de tu exigencia y los costes que conlleva.

Dibuja cuatro columnas en un papel. En la primera columna, escribe todos tus «tengo que...» que se te ocurran. En la segunda columna, reflexiona sobre por qué crees que tienes esa exigencia. En la tercera, considera qué costes conlleva esta exigencia. Por último, reformúlala dejando a un lado ese pensamiento dicotómico y tratándote con mayor cariño.

Mis «tengo que...»	Aunque esté agotada tengo que ponerme a estudiar a las diez de la noche.	Tengo que seguir mi dieta durante la semana y también los findes para verme bien.	Debo tener todo bajo control; por tanto, no puedo fluir.
Por qué tengo esta exigencia	Necesito conseguir un buen trabajo y para ello tengo que esforzarme.	Quiero tener un buen físico para gustarme a mí y a los demás y, si como lo que me apetece, no lo tendré.	No soporto que sucedan cosas inesperadas que puedan hacerme no saber reaccionar.
Qué costes tiene mi exigencia	Siento que nunca tengo tiempo para hacer cosas que me gustan, como ver una película antes de dormir.	Llevo mucho tiempo sin comer alimentos que me encantan solo porque me siento mal si lo hago.	Como trato de controlarlo todo me cuesta disfrutar del momento y de lo que se escapa de mi control.
Reformulación	Mañana puedo continuar con mis estudios; llevo todo el día con ellos y me merezco un descanso que me ayude a desconectar.	Durante la semana hago deporte y tengo una buena alimentación, no pasa nada por comer una bolsa de patatas el fin de semana si me apetece.	La vida tiene una parte incierta y no puedo controlarlo todo; es imposible. Además, fluir es necesario.

La parte más difícil será la reformulación, así que te aconsejo que, después de un tiempo trabajando en ello, repitas el ejercicio para completar esta columna.

83
Diferencia los **«tengo que»** de los «quiero»

De forma inconsciente seguimos gran cantidad de normas que influyen en nuestro comportamiento y en nuestra toma de decisiones. Tratamos de controlarlo todo y actuamos en función de lo que creemos que es «más aceptado» por la sociedad con el fin de tener éxito. ¿Qué metas quieres realmente y cuáles persigues por algún tipo de presión social o de tu entorno? Revisa tus «tengo que» del anterior ejercicio y hazte estas preguntas una por una:

- ¿Quieres alcanzar la meta que te has propuesto?
- ¿Cuán importante es para ti?
- ¿Qué significa para ti alcanzarla?
- ¿Y no alcanzarla?
- ¿Crees que te estás exigiendo demasiado?
- ¿Es fácil lograr lo que te propones?
- ¿Crees que te sientes presionado por la sociedad?
- ¿Tienes miedo de decepcionar a alguien si no consigues esta meta?

- ¿Estás dejando a un lado algunos deseos con el fin de alcanzarla? ¿Cuáles?
- ¿Te hace feliz tenerla?
- ¿Cómo te sientes cuando trabajas para alcanzarla?
- ¿Crees que has dejado a un lado tus deseos por miedo a no sentirte lo suficientemente productivo para lograr ese éxito?
- ¿Realmente necesitas alcanzar esta meta?

Estas preguntas te brindarán una información muy valiosa sobre lo que deseas y lo que te aleja de otras cosas que te hacen más feliz.

84
Aprende a **descansar** sin sentirte mal o culpable

¿Qué relación tienes con el descanso? ¿Cuándo fue la última vez que dedicaste horas o días a ti y a tu bienestar? ¿Te brindas momentos de forma habitual para desconectar de tus obligaciones? ¿Te sientes mal por descansar? ¿Crees que disminuye tu productividad? ¿Piensas que descansar es una pérdida de tiempo y que no vale para nada?

Si tienes un nivel de autoexigencia elevado es posible que tus días no cuenten con muchos momentos de descanso.

Pero el descanso es necesario para después poder rendir y trabajar eficazmente en conseguir tus metas, por lo que en realidad podríamos verla como una «inversión» en nuestra productividad.

Empieza a introducir momentos «no productivos» en tu día a día. Al principio va a costarte mucho; sin embargo, a medida que vayas añadiendo ese hábito a tu rutina lo agradecerás. ¿Qué cosas disfrutas haciendo? ¿Cómo las vas a implementar a tu rutina? ¿Qué momentos del día vas a dedicar a hacer cosas no productivas? ¿Con qué frecuencia vas a hacerlas?

85
Establece **metas** realistas

Las personas con un alto nivel de autoexigencia suelen proponerse metas inalcanzables, porque para ellos nunca es suficiente. Es momento de aprender a plantear de otra forma las futuras metas que te propongas.

Importante: cuando sientas que estás entrando en el bucle de «podría hacerlo mejor», para. Deja el perfeccionismo a un lado y mira tu trabajo desde otra perspectiva. La perfección no existe, y lo «perfecto» tampoco es lo mejor. Puedes pedirle la opinión a alguien de tu confianza. ¿Lo ve igual de defectuoso que tú? Míralo como si fuera el trabajo de un compañero: ¿serías tan crítico?

Antes de continuar, vuélvete a mirar todo el camino que has logrado recorrer. ¿No es verdaderamente asombroso todo lo que has conseguido? Deja de poner el foco en lo que no funciona y en lo que falta de cada situación y ponlo en lo que sí funciona y lo que está.

El **error** es la mejor prueba
de que lo estás **intentando** y la única
oportunidad para mejorar.

SOLUCIONAR
problemas

Si hay una cosa clara es que a lo largo de nuestra vida nos vamos a ir topando con dificultades de todo tipo. Esos problemas van a generarnos un gran malestar, pero este malestar no va a ayudarnos a salir de ellos. Lo que necesitamos es **actuar de forma activa y adaptativa para evitar consecuencias mayores en el futuro.** Sin embargo, a menudo nos cuesta saber cómo hacerlo. Hay factores que pueden ser grandes barreras en la búsqueda de soluciones, como la falta de recursos, pocas habilidades personales, la novedad de la situación o la incertidumbre que nos provoca. Además, hay algunas tendencias que dificultan o bloquean la solución de problemas:

- **El perfeccionismo:** Hay personas que tienen un gran temor a fallar o cometer errores, tienden a pensar en las consecuencias que tendría equivocarse y buscan continuamente «la solución ideal», lo que les lleva a no elegir y aplazar siempre la decisión de cuál es la solución definitiva.

- **La impulsividad:** En ocasiones tendemos a actuar de forma impulsiva sin haber planteado cuáles son las posibles acciones que podemos tomar ante un problema y las consecuencias de cada una. Lo que nos lleva a tratar de aplicar soluciones precipitadas que quizá no sean las correctas, ya que no nos hemos dado el tiempo necesario para la reflexión.

- **Poner el foco en lo que no depende de nosotros:** A veces nos centramos en aquello que se escapa de nuestras manos y, por tanto, orientamos la energía en la búsqueda de soluciones, pero lo hacemos de forma errónea.

- **Alta intensidad emocional:** Hay situaciones que pueden provocar en nosotros una alta intensidad emocional, lo que puede dificultar la búsqueda activa de posibles soluciones.

- **Evitación:** Las personas que presentan una tendencia a evitar la situación pasan mucho tiempo preocupándose y dándole vueltas, posponen la toma de decisiones y la movilización ante la aplicación de soluciones, lo que hace que el malestar aumente y no se impliquen en la solución.

Ante cualquier situación complicada, ya sea perder el bolso con tu móvil y tus documentos o perder el trabajo que te proporciona estabilidad económica, es vital conocer formas eficaces de solucionar problemas. Hay algunos recursos que pueden ayudarnos en prácticamente cualquier situación compleja.

HERRAMIENTAS PARA SOLUCIONAR PROBLEMAS

Las cinco herramientas de este capítulo están inspiradas en el entrenamiento creado por D'Zurilla y Goldfried, compuesto de cinco fases:

86
Oriéntate **positivamente** hacia el problema

Deja a un lado la baja confianza, elimina creencias como «esto no tiene solución» y no hagas caso al victimismo y frustración que pueden aparecer ante ese problema. Cámbialo por una nueva actitud:

- Trata el problema como un reto.
- Enfócate en buscar soluciones, sé consciente de que es posible y de que cuentas con las capacidades para hacerlo.
- Decide invertir tiempo y dedicación en buscar una solución.

Para orientarte hacia tu problema debes considerar los siguientes componentes:

1. **Percepción del problema:** La forma en la que ves el problema va a condicionar tu forma de resolverlo. ¿Cómo percibes el problema? ¿Aceptas que lo tienes? ¿Sientes que tratas de minimizarlo o ignorarlo?

2. **Atribución del problema:** ¿A qué se debe este problema? ¿Cuáles son sus causas? ¿Lo consideras algo pasajero o, por lo contrario, es algo permanente? ¿Te consideras culpable?

   Si la atribución es positiva; tendrás más predisposición a buscar soluciones, en cambio, si es negativa es posible que trates de evitarlo o escapar de él y te puede llevar a una evaluación negativa de ti mismo.

3. **Valoración del problema:** ¿Te sientes capaz de afrontarlo? ¿Crees que tienes los recursos suficientes? ¿Lo ves como una amenaza o como un desafío?

4. **Control personal:** ¿Consideras que puedes resolver el problema? ¿Crees que lo controlas? ¿Con qué probabilidad piensas que lo puedes afrontar si te esfuerzas? Cuanto más creas que puedes solucionarlo y abordarlo, mejor lo afrontarás. En cambio, si consideras que no puedes controlarlo, tenderás a evitarlo o tratarás que otros resuelvan el problema por ti.

5. **Compromiso de tiempo y esfuerzo:** ¿Cuánto tiempo y esfuerzo crees que te llevará solucionar este problema? ¿Tienes disposición para dedicar este tiempo y esfuerzo para resolverlo? Cuanto más te cueste estimar el tiempo que te llevará solucionar el problema y cuanta menos disposición tengas para dedicar ese tiempo y esfuerzo, más tenderás a evitar el problema.

87
Define y **formula**
el problema

A veces los problemas se perciben como caóticos y desordenados. Si conoces bien tu problema, te será más sencillo buscar posibles alternativas. Estas pistas te ayudarán a definirlo y formularlo mejor:

1. **Recoge información sobre el problema:** ¿Hay personas implicadas? ¿Qué frecuencia, duración e intensi-

dad tiene? ¿Sucede en algún ambiente o momento específico? ¿Hay factores que hacen que siga ocurriendo? ¿Qué sientes y piensas ante el problema? Trata de escribir los sucesos de forma precisa y evita la ambigüedad: «Mi jefe me habla de muy malas formas cuando no tiene un buen día y está agobiado» te da más información que «Mi jefe es agresivo».

2. **Identifica su naturaleza:** Describe los hechos concretos relacionados con tu problema de forma objetiva y clara. Es útil pensar en «lo que es», «lo que debería ser» y los obstáculos que pueden dificultar la búsqueda de soluciones. ¿Cuál es la complejidad del problema? ¿Cómo surgió? ¿Es ambiguo? ¿Me provoca incertidumbre? ¿Tengo la información suficiente? ¿Hay obstáculos que no me dejan avanzar? ¿Este problema es parte de otro? ¿Es consecuencia de un problema anterior?

3. **Evalúa la importancia de tu problema:** ¿Qué costes y beneficios tiene resolver este problema? ¿Y no resolverlo? Es importante considerar este aspecto a corto y largo plazo, a nivel personal y para otras personas importantes en tu vida.

4. **Establece metas:** Es importante que sean específicas y realistas: «Quiero conseguir hablar temas incómodos con mi pareja sin que acabemos discutiendo».

88
Genera
alternativas

Es el momento de plantear todas las soluciones posibles. El *brainstorming* o lluvia de ideas es la herramienta más eficaz. Te recomiendo tener en cuenta:

- **Escribe tantas como se te ocurran:** Cuantas más soluciones propongas, mayor será la probabilidad de encontrar la ideal.
- **Atrévete a pensar más allá:** Cuanto más variadas y creativas sean las soluciones propuestas, más ideas de calidad descubrirás.
- **Déjate llevar y no juzgues tus ideas:** Aunque alguna idea te parezca ridícula, puede darte ideas para una variante útil.

89
Establece los **criterios**
de tu decisión

Se acerca el momento de tomar la decisión. De entre todas las soluciones generadas en la lluvia de ideas, elimina las que conllevan consecuencias negativas que no podrías aceptar y las que por falta de recursos, habilidades u otras interferencias no se pueden llevar a cabo. Para seguir con el proceso de la búsqueda de la mejor solución, ten en cuenta los criterios que la solución elegida debe cumplir. Por ejemplo:

- **Eficacia:** ¿Qué probabilidad hay de que mi problema se resuelva si escojo esta opción?
- **Emociones:** ¿Cómo me sentiré después de poner en práctica esta opción?
- **Costes:** ¿Cuánto tiempo y esfuerzo creo que me llevará poner en práctica esta solución? ¿Esta opción tiene costes?
- **Consecuencias:** ¿Qué efectos tendrá a corto plazo? ¿Y a largo? ¿Tiene beneficios en el corto plazo, en el largo o en ambos? ¿Cómo me va a afectar? ¿Y a los demás?

Cuando tengas claros los criterios que quieres que tenga tu solución ideal, califica cada solución de –3 a 3, siendo –3 extremadamente insatisfactoria y 3 extremadamente satisfactoria. Así podrás ver cuál es la opción con mejor puntuación en los diferentes criterios y a nivel general.

90
Pon en **práctica**
la solución

Una vez decidida la solución óptima, es momento de ponerla en marcha y verificar si en la práctica es efectiva. Observa los resultados, teniendo en cuenta que en muchas ocasiones no serán inmediatos, y compara los resultados obtenidos con los previstos.

- Si los resultados no son los esperados, puedes volver a los puntos anteriores y cambiar la solución, aprovechando para ello la información que te ha brindado la solución fallida.
- Si los resultados son los que esperabas, ¡felicidades! Anota las conclusiones para una próxima vez y, sobre todo, celebra el éxito de tu propia decisión.

Hagas lo que hagas, seguirás

encontrándote con problemas.

Lo que **sí** puedes hacer es **centrarte**

siempre en las soluciones.

APRENDER A
cerrar ciclos

El pasado está en nuestro presente y, de una forma u otra, nos influye. Si no lo hemos superado y aceptado, va a afectar de forma negativa en nuestro día a día. Para poder vivir un presente en calma, tenemos que haber cerrado los ciclos anteriores. De lo contrario, el pasado se convierte en una carga constante, una mochila que pesa mucho y nos quita energía para vivir el presente y construir el futuro. Para cerrar ciclos, hay que hacerlo de forma consciente, enfrentando y aceptando ese cierre.

En nuestra vida vamos a abrir y cerrar muchos ciclos. Cuando los abrimos, dejamos paso a que lleguen nuevas experiencias y personas a nuestra vida, las cuales nos aportarán muchísimo y nos brindarán aprendizajes. Al cerrarlos, debemos entender que el espacio compartido y los momentos han llegado a su fin y con nosotros quedan para siempre esas enseñanzas y recuerdos. Debemos soltar para poder avanzar y dar la bienvenida a todo lo nuevo que nos espera.

Cerrar ciclos consiste en aceptar que lo que era ya no es. A veces, soltar es decir adiós también a las expectativas que teníamos. Otras veces es perdonar o desprendernos de rencores y culpas que perturban nuestro presente. En ocasiones desarrollamos apegos a personas, lugares o situaciones que no nos dejan avanzar y cerrar ciclos consiste en superar estos.

No tienes por qué compartir tus sentimientos con otros para poder cerrar esos ciclos, pero sí es fundamental que lo hagas contigo. Debes permitirte descubrir qué te produce y cómo te afecta hoy en día todo eso que no has cerrado.

HERRAMIENTAS PARA APRENDER A CERRAR CICLOS

91
Identifica tus **ciclos** pendientes de cerrar

Para descubrir si hay ciclos que no has cerrado, puede ser útil reflexionar a partir de estas preguntas:

- ¿Tienes pensamientos repetitivos o imágenes sobre situaciones o personas?
- ¿Hay algo de tu pasado que te resulte incómodo recordar?
- ¿Al tener pensamientos sobre ello aparece tensión en tu cuerpo?
- ¿Tienes pesadillas o sueños sobre alguna situación?
- ¿Aparece un cúmulo de emociones al pensar en algo de tu pasado?

Si la respuesta a varias de estas preguntas es «sí», es momento de que pienses en tu pasado y descubras cuáles son esas etapas que sientes que nunca has terminado de cerrar y que te siguen influyendo hoy en día. Haz una lista con todas ellas y reflexiona sobre los motivos por los que crees que te cuesta decir adiós a ese pasado.

¿Sientes que fue una situación injusta? ¿Crees que te falta algo por decir? ¿Esperabas que nunca hubiera un final? ¿Sigues esperando que todo vuelva a ser como antes? ¿Qué piensas que es lo que necesitas para poder cerrar este ciclo? ¿Cerrar ese ciclo va a ser positivo para tu bienestar?

Etapa que siento que no se ha cerrado	Mis años estudiando en Barcelona.	El daño que me hizo mi hermano.
Cuál pienso que es el motivo	Tengo miedo de no sentirme tan a gusto en otra ciudad.	No me merecía que alguien de mi familia me tratase así.

92
Averigua si **realmente**
quieres cerrar el ciclo

Para poder cerrar un ciclo debes tener la seguridad de que quieres cerrarlo, tienes que tener la motivación necesaria para el cambio y por eso no debes estar volviendo siempre al pasado. No conseguirás cerrar un ciclo si lo mantienes abierto o te sientes atado a él. Por ejemplo, si has estado en una relación que ha terminado, es necesario que seas consciente de que ahora vuelves a estar sin pareja. Si piensas que hay posibilidad de volver, que tienes ganas de ver a esa persona y sientes que estaría bien intentarlo de nuevo, ese ciclo no se puede cerrar porque estás volviendo a él constantemente. Necesitas distanciarte de ese pasado y mirar tu presente con cariño y esperanza.

¿Quiero cerrar esa etapa? ¿Me siento preparado o preparada? ¿Deseo cerrarla y mirar al futuro de otra forma? ¿Cómo me sentiré al saber que ya he conseguido ponerle fin? ¿Me ayudará a poner orden en mi presente?

93
El cambio es **inherente** a la vida

La vida es muy incierta; no sabemos lo que va a pasar y no podemos controlarlo.

Estamos rodeados de oportunidades, personas, situaciones y es inevitable que las cosas vayan cambiando. ¿Qué sensaciones te produce pensar que las cosas cambian?

Cuando sientas que te cuesta pasar página, te recomiendo que mires tu vida como si fuera un tren. Tú te subes al tren y te sientas en uno de los vagones. El tren sale de la estación y hay personas que están sentadas a tu lado con las cuales compartes tu viaje mientras están contigo. Algunas de ellas se bajarán en las siguientes paradas, otras se quedarán y esto no puedes controlarlo; no sabes cuándo bajará cada persona. El tren cambiará de vía, tendrá alguna avería y pasará por muchas estaciones. Durante el trayecto vas a pasar momentos a solas y otros en compañía de gente con la que te sientes en paz, pero también junto a gente con la que no.

Cada parada es una etapa, en la cual vivirás diferentes experiencias con diferentes personas. Cuando el tren para en una estación, las personas bajan y el ciclo se cierra, el tren sale con un nuevo destino y lo del pasado se queda en el pasado; el tren ya no vuelve atrás. Es cierto que hay personas o situaciones que pueden volver a aparecer, puede que se suban en las siguientes paradas aunque hayan bajado anteriormente, pero no es conveniente estar pensando en si eso pasará o no.

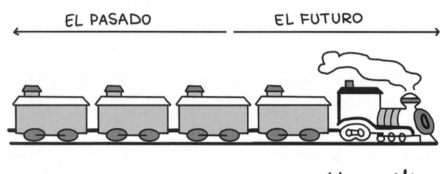

94
Mira **más allá** de lo que dejas atrás y sueltas

Es habitual que cuando decimos adiós a una etapa, especialmente al principio, solo veamos lo que estamos perdiendo y aquello de lo que nos alejamos. Cuando esto ocurre no solemos dedicar un espacio a tener en cuenta que hemos puesto fin a ese ciclo, pero estamos en una nueva realidad, abiertos a nuevas situaciones, experiencias y personas. Siempre que soltamos algo nos permitimos probar otras cosas.

Por ello te será útil mirar hacia el futuro con positividad, para que sea más sencillo cerrar esa etapa y dar paso a otras nuevas; hazte preguntas de este estilo adecuadas al ciclo que tú cierras:

- ¿Hay algo que gane al soltar esta relación?
- ¿Qué oportunidades me va a brindar dejar este trabajo que no me llenaba?
- ¿Poner distancia a esta amistad tendrá consecuencias positivas?
- ¿Qué cosas positivas me traerá eliminar el rencor que tengo hacia mi hermano?
- ¿Cómo me sentiré en el futuro al haber cambiado mis malos hábitos?
- ¿Qué consecuencias positivas tiene cerrar esta etapa?
- ¿Qué gano dejando esto atrás?

95
De lo **material** a lo **emocional**:
dos pasos para liberarte

Para poder vivir experiencias nuevas tenemos que dejar espacio para ellas. No podemos escribir nuevas historias si nuestro libro no tiene páginas en blanco. Por ello debes liberarte de todos los objetos, sentimientos, amistades, personas, relaciones o recuerdos que te mantienen aferrado a tu pasado.

Cuando hay que pasar a la acción, es muy efectivo empezar

por las cosas materiales. Mira cajón por cajón, habitación por habitación y selecciona los objetos que no te sean útiles. Es posible que algunos te transporten a viejos recuerdos y, por tanto, estén conectados a una alta carga emocional. Pregúntate: ¿Qué representa para mí este objeto? ¿Me lleva a un pasado que no quiero recordar? ¿Deshacerme de él me ayudará a soltarlo? ¿De qué me sirve seguir teniéndolo? En cuanto seas capaz, despídete y desecha todo lo que no te hace bien tener guardado.

En cuanto a las cosas no materiales, es decir, los recuerdos, sentimientos y pensamientos, haz una lista y trata de identificar todos los que no son útiles. En cuanto puedas, empieza a limpiarlos, igual que hiciste con las cosas materiales.

Después, escribe una carta a esa etapa de tu vida, en la que perdones, agradezcas y expreses todo aquello que necesites decir; presta atención a tus emociones y conecta con tu yo del pasado, explica todo lo que te quedaste con ganas de contar para liberar los posibles rencores. Al terminar, rompe la carta.

Este ejercicio te ayudará a sentir una tremenda liberación y a cerrar ese o esos ciclos que deseas dejar atrás.

Cerrar un ciclo es una **oportunidad** de decir adiós y agradecer el pasado para **abrir mil puertas** y poder **vivir nuevos comienzos.**

MANTENER EL EQUILIBRIO ENTRE LA PAREJA Y LA
individualidad

Estar en una relación no debería ser un impedimento para el crecimiento personal, para establecer y mantener relaciones interpersonales o disfrutar de nuestras actividades favoritas. Sin embargo, en una relación de pareja, es frecuente que los dos miembros se acaben fusionando en «un solo ser»: lo hacen prácticamente todo juntos y se empiezan a perder los espacios individuales, lo cual puede llegar a ser asfixiante.

Cuando en una pareja no hay espacios individuales para cada uno de los miembros, se empiezan a suprimir y perder aspectos individuales o de la identidad. Además, las personas dejan de desarrollarse de forma satisfactoria; lo mismo le ocurre a la relación.

Al no cultivar la propia identidad y dedicar tiempo al espacio individual, los miembros de la pareja tienden a alejarse de algunas amistades o familia y dejan de hacer actividades que les gustaban, lo que puede provocar que algunas personas se sientan agobiadas por la falta de tiempo y espacio personal que sienten, con lo que podrían surgir tensiones, enfados y conflictos en la relación.

Cuando se cae en esta tendencia, se pueden llegar a adquirir hábitos tóxicos, dependencia emocional e incluso darse malos tratos. Al pasar todo el tiempo con esa persona podemos llegar a sentir que no podemos dejarla porque no sabremos qué hacer sin ella, a tener miedo de que la relación termine o sentir soledad ante la idea de terminar la relación.

Ciertas creencias sociales idealizan ideas como: «Si quiero a mi pareja, lo tenemos que compartir todo», «Si una pareja es feliz, sus miembros lo hacen todos juntos», «Si tengo pareja, no necesito nada más». Sin embargo, una relación sana consta de compartir momentos juntos, cercanía e intimidad, pero también es necesaria la individualidad, la autonomía e independencia de cada uno de los miembros. Por todo ello conviene trabajar en crear espacios individuales y que se respeten en la pareja, en los que se pueda disfrutar de nuestro tiempo con nosotros mismos, reflexionar y tener intimidad. Estos espacios son necesarios para nuestra salud mental y crecimiento personal, pero también son enriquecedores para la relación, ya que nos permiten poder compartir experiencias y situaciones que hemos vivido por separado y valorar más el tiempo de calidad que pasamos juntos.

¿Sientes que desde que tienes pareja has perdido un poco tu individualidad? ¿Has dejado de hacer actividades que te gustaban porque dedicas ese tiempo a tu pareja? ¿Te gustaría volver a disfrutar de tus hobbies?

HERRAMIENTAS PARA MANTENER EL EQUILIBRIO ENTRE LA PAREJA Y LA INDIVIDUALIDAD

96
Reflexiona sobre
cómo estás hoy

Antes de empezar a negociar con tu pareja tus espacios personales es necesario dedicar tiempo a descubrir cómo y cuánto puede haberte afectado haber perdido estos espacios personales que necesitas. Dedica un tiempo a estas tareas previas:

- **Piensa en tu día a día:** Reflexiona sobre cuáles son tus miedos, pensamientos recurrentes, sueños, preocupaciones, intereses, gustos y qué cosas te interesan.

¿Cómo son tus relaciones interpersonales? ¿En qué inviertes tu tiempo? ¿Haces lo que te gusta? ¿Haces lo que quieres?

- **Reflexiona sobre las cosas a las que has renunciado:** ¿Sientes que has dejado a un lado cosas importantes para ti? ¿Hay actividades que antes hacías y disfrutabas y ahora ya no? ¿Echas de menos a alguien? ¿Crees que has perdido relación con personas importantes para ti? ¿Cómo te sientes cuando estás solo? ¿Qué hacías antes en tus espacios individuales que ahora ya no haces?

- **Piensa en tu relación:** ¿Pasáis mucho tiempo juntos? ¿Qué actividades compartís? ¿Qué actividades hacéis juntos que echas de menos hacer por tu cuenta? ¿Qué sensación tienes al respecto? ¿Qué emociones te provoca pensar que pasas tanto tiempo con esa persona? ¿Eres feliz con esta situación? ¿Crees que estás perdiendo tu esencia y a ti?

- **Mira al futuro:** ¿Cómo te imaginas tu relación en unos años? ¿Te gustaría que mantuviera la misma tendencia? ¿Qué pasaría si siguiese como ahora? ¿Qué te gustaría cambiar? ¿Tu relación te potencia? ¿Cuáles son tus necesidades y deseos?

Tras reflexionar sobre tu relación, sobre ti, tus deseos y necesidades y mirar con perspectiva al futuro, podrás sacar conclusiones de cómo te sientes en tu relación y qué cosas te gustaría que cambiaran a partir de ahora. Tras esta reflexión será más sencillo comunicárselo a tu pareja.

97
Cuida las **relaciones** significativas
fuera de la pareja

Para que una relación sea saludable, es necesario sentir que contamos con el apoyo de personas fuera de nuestra pareja. Desde el principio, y durante toda la relación, es importante que no dejes de establecer nuevas relaciones significativas ni de cuidar a las antiguas.

Piensa en aquellas personas con las que hayas sentido que ha habido un distanciamiento desde que empezó tu relación de pareja, vuelve a hablar con ellas y queda en persona para poco a poco ir volviendo a reforzar ese apoyo.

98
Habla con tu pareja sobre **respetar**
el espacio personal

Es importante que compartáis vuestras opiniones ante la idea de respetar vuestros espacios individuales en la relación. Para afrontar este tema podéis responder a las siguientes preguntas:

- ¿Disfruto compartiendo momentos con mi pareja?
- ¿Me gustaría hacer más planes de forma individual?
- ¿Cómo me siento cuando hago planes sin mi pareja?
- ¿Qué siento cuando mi pareja hace planes sin mí?
- ¿Me agobio cuando lo hacemos todo juntos? ¿Creo que me he perdido un poco en esta relación?
- ¿He sentido que necesito mi espacio en algunas ocasiones?
- ¿Hay actividades que disfruto haciéndolas por mi cuenta?
- ¿Es normal que en una pareja los dos integrantes pasen tiempo separados?
- ¿Me gustaría que en mi pareja tuviésemos espacios individuales?
- ¿Mejoraría nuestra relación si disfrutáramos más de nuestros espacios personales? Si es así, ¿cómo lo haría?

99
En la **pareja** no sois dos, ## sois tres

Es momento de empezar a pensar que la relación está formada por tres miembros, los cuales sois: tú, la otra persona y la pareja. Todos son igual de importantes.

Como se muestra en el dibujo, hay dos círculos: uno eres tú, con tu espacio, intimidad, aficiones e independencia, y el otro es tu pareja, con su espacio, intimidad, aficiones e independencia. Por último, está la pareja, que es el espacio en el que coincidís, en el cual decidís pasar tiempo juntos y compartir momentos y actividades.

nacidramática

100
Establecer **planes** que queréis
hacer solos y en común

En este punto, cada uno podéis compartir qué actividades disfrutáis haciendo de forma individual. Se trata de elaborar una lista lo más larga posible y marcar qué actividades de las propuestas queréis hacer sí o sí de forma individual y cuáles no os importaría compartir si la otra persona así lo desea. Este ejercicio os invitará a comunicaros de una forma tranquila, poniendo límites en las actividades que queréis hacer por vuestra cuenta y explicando a la otra persona por qué es importante llevar a cabo ciertas actividades individualmente y, por tanto, os llevará a dejar un espacio dentro de vuestros días, semanas o meses para pasar tiempo por separado.

PERSONA 1
NATACIÓN
QUEDAR CON AMIGOS
VISITAR FAMILIA
ESCRIBIR
VIAJAR

ESPACIO COMÚN

PERSONA 2
GIMNASIO
QUEDAR CON AMIGOS
VISITAR FAMILIA
PASEAR
LEER
HACER RECETAS

nacídramática

Tras exponer cada uno de forma individual los planes que disfrutáis solos, debéis decidir qué cosas os gustaría hacer juntos. Una relación sana no es ni una relación en la que se hace todo juntos ni una relación en la que no se hace nada juntos. Se trata de buscar el equilibrio y encontrar actividades que os gusten a ambos y que os gustaría compartir para pasar tiempo de calidad juntos. Puede que algunas de las actividaades que queréis hacer de forma compartida ya las hagáis de forma individual, y por ello, pueden estar tanto en el espacio común como en el espacio individual. Si esto es así, podréis decidir cuándo se van a llevar a cabo de forma individual y cuándo juntos.

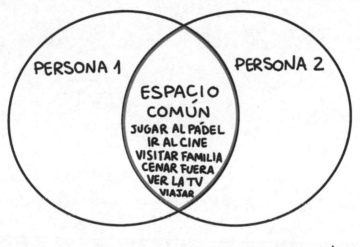

nacidramática

Tu **relación, contigo** es tan
importante como tu
relación de pareja.

AGRADECIMIENTOS

Durante este camino y cada página han sido muchas las personas que me han acompañado y me lo han hecho mucho más fácil.

Tengo que empezar nombrando a los editores que me han guiado desde el minuto uno hasta el último, Alba y Marco me han animado siempre y han estado en todos mis momentos de dudas y bajón en los que necesitaba un empujón, han sido un apoyo enorme para mí.

Por otro lado, gracias a mis amigos por vivir este proyecto con tanta ilusión como yo y por ayudarme con cada decisión.

Mil gracias a mis padres, que se han leído cada capítulo mil veces y después de cada párrafo me hacían creer que era la mejor escritora del mundo con frases como «Pues escribes requetebién» o «Siempre hemos sabido que eras buena escribiendo».

Por último, agradecer a Penguin Random House por brindarme esta gran oportunidad y confiar en mí.